萌力量：
可爱传播论

赵新利 著

人民日报出版社

图书在版编目（CIP）数据

萌力量：可爱传播论 / 赵新利著. —北京：人民日报出版社，2016.11
ISBN 978-7-5115-4360-8

Ⅰ.①萌… Ⅱ.①赵… Ⅲ.①大众传播—传播媒介—研究—日本②大众传播—传播媒介—研究—中国
Ⅳ.①G219.313②G219.2

中国版本图书馆CIP数据核字（2016）第291292号

书　　名：	萌力量：可爱传播论
著　　者：	赵新利
出 版 人：	董　伟
责任编辑：	陈　红　刘天一
封面设计：	主语设计
出版发行：	人民日报出版社
社　　址：	北京金台西路2号
邮政编码：	100733
发行热线：	（010）65369527　65369846　65369509　65369510
邮购热线：	（010）65369530　65363527
编辑热线：	（010）65369844
网　　址：	www.peopledailypress.com
经　　销：	新华书店
印　　刷：	北京鑫瑞兴印刷有限公司
开　　本：	710mm×1000mm　1/16
字　　数：	186千字
印　　张：	16.25
印　　次：	2017年4月第1版　2017年4月第1次印刷
书　　号：	ISBN 978-7-5115-4360-8
定　　价：	38.00元

本书是教育部人文社科青年项目的研究成果，项目编号 14YJC860041。

自 序

萌，让传播更有趣

一

你感受到了吗？最近几年，中国有一股"卖萌"的潮流，方兴未艾。

2013年10月，复兴路上工作室推出动漫短片《领导人是怎样炼成的》。在这则时长5分多钟的视频中，中央政治局七常委和毛泽东、邓小平、江泽民、胡锦涛等以往的国家领导人在视频中先后以卡通形象出现，这是中国的国家领导人首次以动漫卡通人物形象出现在公众面前。其后，复兴路上工作室推出一系列视频作品，如2015年10月发布的《十三五之歌》被网友称为"神曲"，网友评价视频"好听、好看、好玩儿，提神、醒脑、涨知识"。

2016年年初，新华社发布"神曲"《四个全面》，流行乐混搭时政话题的风格，与上述《十三五之歌》异曲同工，用诙谐的方式对"四个全面"进行了趣味十足的解释。《四个全面》和《十三五之歌》都引发媒体关注，在网络平台广泛传播。

与此相似，朝阳工作室发布的《当官不能任性》用动漫的形式解读"三严三实"，同是朝阳工作室发布的《五分钟看穿唱衰中国底牌》则揭穿了国际上形形色色唱衰中国的论调。2015年春节期间，朝阳工作室发布的三个"群众路线"系列卡通短片更是引发国内外媒体关注，其中习近平挥棒打虎的动画形象十分生动。

在微博、微信上，国资委的"国资小新"、中石化的"小石头"、宝钢的"小宝"、神华集团的"小神龙"、五矿集团的"小达"、三峡集团的"小微"十分活跃。他们时而卖萌，时而调皮，以极为亲民的姿态开展与民众的沟通。2016年春节期间，国务院国资委新闻中心联合12家中央企业推出创意卡通短片《央企小伙伴大拜年》，各央企新媒体卡通形象集体亮相，以清新可爱的方式向全国人民表达感谢和祝福。故宫利用可爱元素开发文创产品的创新做法，也吸引了大家的关注。

2016年7月26日，"浦东统一战线"以"萌萌哒"语气发出《动漫解读〈中国共产党统一战线工作条例〉（试行）》，4分18秒视频以草根的语言、接地气的解析、呆萌的画风，生动有趣地解读了统一战线工作。发布短短8个小时，点击量就超过10万。当日中午，新华社转发。次日一早，中共中央统战部微信公众号"统战新语"转发。

2016年9月杭州G20峰会期间，杭州市公安局警察公共关系处推出"熊猫护护"和"熊猫杭杭"吉祥物。熊猫警察吉祥物在G20峰会的安检、宣传中都发挥了重要作用。

卡通造型、神曲、动画片、吉祥物等形式的"卖萌宣传""可爱传播"，在我国信息传播领域刮起一股清新之风，让人感到官方、媒体和民众的成熟、放松的心态。这种柔性传播能更好地影响年轻人，影响网络舆论。

这股"卖萌"的实践大潮似乎才刚刚开始，学术界关于"萌"的相关研究也还很不充分。"萌"的相关研究涵盖行为科学、文化研究与生物学。这个研究领域很新，涉足的学者很少。东京学艺大学学者乔舒亚·戴尔（Joshua Dale）估计，全世界只有几十名学者专注于这一议题，他相信"萌"的相关研究会成为一个独立的科学领域。

二

2016年里约奥运会，网红不断，段子不断。100米仰泳半决赛后，中国选手傅园慧接受采访时说"我已经用了洪荒之力"。这段采访让她在网络走红，傅园慧表情夸张、可爱不羁、活泼幽默，让许多人都觉得她非常有趣。在视频中，傅园慧没有表达"必胜的决心"，而是表示"已经很满意了"；她也没有按惯例"感谢祖国"。但网友并没有指责她"不思进取"或"忘记祖国"，而是赞扬其"萌翻天的个性范儿，是另一种赛场之美"。而刘国梁在此次奥运期间也被调侃为"不懂球的胖官员"，对此刘国梁回应说，调侃是在表达支持和喜爱。

傅园慧、刘国梁的表现赢得人们的称赞和肯定。人们在面对荣誉时，显得更为坦然、放松和自信，这体现出新的发展阶段的中国更为放松的国民心态。

其实，最近几年，关于中国社会的戾气一度引发人们的关注。火锅店服务员因与顾客发生矛盾而把开水浇到其身上，造成顾客皮肤大面积烫伤；地铁上，一些人因为抢座位而大打出手；还有一些人，在生活中不排队而总是去插队，不愿意等红灯，于是出现"中国式过马路"；在工作中，有些人急功近利、投机取巧，设法托关系、走后门、抄近道；有些人金价下降时抢购黄金，房子限购时抢购房子，非典时期抢购大蒜，日本海啸后抢购食盐，"世界末日"前又开始抢购蜡烛……这种急躁情绪的蔓延和传播，很容易转变成愤怒和暴力，一言不合，就大打出手。原本很小的纠纷，却演变成流血事件。

这种戾气如果只是控制在很小范围，并不可怕。可怕的是如今新媒体环境下，信息传播速度快，尤其是社交网络平台，信息经过"循环"和"扩大"之后，就容易形成共振。网络传播的"舆论放大器"功能，会让社会情绪在网络平台快速传染，人们在网上的情绪易煽动、易冲动、易行动，甚至频现网络暴力、网络谣言、网络炒作等现象，有些事件甚至危害社会稳定。

在这种背景下，上述傅园慧在赛后表现出的坦然、放松和自信的心态，就显得更具积极意义。可以预见，随着经济社会发展和人民生活水平、受教育水平和综合素质的提升，人们会越来越成熟、自信和放松。此外，新媒体环境下人们更加偏爱"感性化""故事化"信息。比起"讲道理"，人们更喜欢"听故事"；比起静止的文字、图片，人们更喜欢动漫、视频。在这种背景下，能够让人们更加放松、平和的卖萌信息和可爱传播能够成为社会戾气的"解压阀"，大有可为。

三

汹涌的"卖萌潮流"让人感受到，这是一种很值得肯定的传播智慧。萌是一种强大的心理工具和宣传工具，于是本书提出"萌力量"和"可爱传播"两个比较新的概念，并进行了较为全面的文献梳理。"萌力量"是受软实力和巧实力启发提出的。简单来说，一个组织或机构越可爱，其"萌力量"就越强。本书对"萌"和"萌力量"进行了考察和分析，而关于"可爱传播"，则更多地通过案例进行论述。"萌力量"和"可爱传播"都有待更多学者进行更深入、全面的研究。

本书还提出，应积极通过可爱传播，建设可爱中国，让"可爱"成为中国的一张名片。之所以提出"通过可爱传播建设可爱中国"，一个原因，是当前我们还有很多"不可爱"的地方，如上述的社会戾气、网络暴力，很需要"可爱传播"来治愈人心，充当社会情绪的"解压阀"。另一个原因，是国际上一定范围内对中国还存有偏见，应积极通过"可爱传播"让"可爱中国"成为中国的名片，可以改善国际社会对中国的认知，为中国发展营造良好的国际舆论环境。还有一个原因，中国社会越来越成熟、自信，人们心态更加平和、放松，可爱传播有肥沃的土壤和广阔的空间。

转脸看看邻国日本，这个"动漫大国"在可爱传播方面的确有不少值得借鉴的地方：从区域吉祥物到警察吉祥物，从商业传播到政治传播，动漫、吉祥物等"卖萌元素"都在发挥不可小觑的作用。于是本书拿出不小的篇幅对这些案例进行了考察，其目的，就是为国内方兴未艾的可爱传播活动提供参考。笔者希望，今后中国越来越多的地方政府能够重视区域吉祥物的建设和运营，希望旅游、公安等相关部门能够大胆开辟吉祥物建设之路，也希望越来越多的民企和国企能够借助卖萌的方式开展品牌建设，教育、科技、文化、卫生领域的各类事业单位和民间团体也应积极探索更加柔性的可爱传播。

四

这本书的写作，从四年前就开始了。

几年前，关注到中国政治话语的明显变化、国家叙事的种种问题后，我陆续写过一些文章。2012年，熊本熊已经非常火爆，成为区域传播的典型案例。这种卖萌传播引起我的兴趣，我在授课和研究中引入这方面的议题，发现卖萌传播在日本等国的政治、商业、区域传播等领域都有广泛应用。就是在这个过程中，中国也兴起"卖萌传播"的大潮。这本书的写作过程中，笔者与中国传媒大学广告学院公共关系系的本科生有多次互动，年轻的"90后"们给我提供了很多思路和资料，尤其是李理同学提供了日本警察吉祥物的大量资料。同时，我的硕士研究生项星宇、张安吉同学也提供了不少素材，在这里要向他们表示感谢。

在日本留学期间，我发现很多日本学者在出版大部头学术著作的同时，会把自己的学术成果以"文库本"的形式出版，最著名的就是岩波文库。这类书一般尺寸较小，非常便于携带，文字较为通俗易懂。这类书关注人们的日常生活，关注大众所关注的问题。专业人士可以看，非专业人士也看得懂。这本书，就希望减少一点学究气，多一些通俗易懂的趣味性。

萌，让传播更有趣。希望这本书会让读者觉得，"可爱传播"也很有趣。

目录
CONTENTS

自序　萌,让传播更有趣 …………………………… 1

第一章　"萌力量"概述 …………………………… 1
　"萌"是什么 …………………………………………… 1
　关于"萌"的相关研究 ………………………………… 3
　中国传统文化中的萌元素 …………………………… 10
　人们对"萌"的认识 …………………………………… 18
　萌力量与可爱传播 …………………………………… 24

第二章　可爱传播的受众心理分析 ……………… 30
　"幼稚化"的心理倾向 ………………………………… 30
　"拟人化"的心理与行为 ……………………………… 33
　被治愈:想象的放松空间 …………………………… 44

第三章　动物萌力量 ……………………………… 49
　日本人的动物情怀 …………………………………… 49
　日本人也曾爱吃狗肉 ………………………………… 55
　日本人爱吃鲸鱼肉 …………………………………… 57

动物萌力量 …………………………………… 59
　　日本"动物官员"的宣传奇效 …………………… 63
　　细数那些"动物站长"们 ………………………… 69

第四章　吉祥物的萌力量 …………………………… 77
　　吉祥物概述 …………………………………… 77
　　日本吉祥物的主要特征 ………………………… 80
　　区域宣传中的"卖萌"传播 ……………………… 84
　　地方吉祥物的功与过 …………………………… 88

第五章　熊本熊缘何风靡全球 ……………………… 95
　　熊本熊的诞生 ………………………………… 95
　　熊本熊的走红过程 ……………………………… 99
　　参加综艺节目，展现"萌"形象 ………………… 100
　　如何通过熊本熊宣传熊本县 …………………… 103
　　"熊本熊"如何抗震救灾？ ……………………… 109

第六章　非官方吉祥物船梨精 ……………………… 112
　　船梨精的出现与走红 …………………………… 112
　　会说话的吉祥物：船梨精的语言特色 …………… 113
　　"非官方"的灵活性 …………………………… 115
　　故事性助力快速传播 …………………………… 116
　　通过娱乐节目宣传地方特色 …………………… 119
　　船梨精周边产品的开发与推广 ………………… 120
　　官方吉祥物与非官方吉祥物的对比 …………… 122

第七章　警察吉祥物 …… 124
- 日本警察吉祥物的主要类型 …… 125
- 日本警察吉祥物的甄选与职责 …… 130
- 日本警察吉祥物搭配特点 …… 131
- Pipo君的传播实践 …… 134
- 对警察吉祥物的评价 …… 141
- 参考与借鉴 …… 143

第八章　高校宣传中的萌力量 …… 146
- 通俗化传播重要性凸显 …… 146
- 高校吉祥物 …… 149
- 校园文化中的"萌元素" …… 153
- 校服中的萌力量 …… 155

第九章　商业活动中的萌力量 …… 159
- 用狗代言：软银的萌力量传播 …… 159
- 机器人传播萌力量 …… 161
- 吉祥物、LOGO中的萌力量 …… 164
- "卖萌"的文化产品 …… 166

第十章　政治传播中的萌力量 …… 169
- 中国政治传播开启"卖萌"模式 …… 169
- 政客萌力量 …… 170
- 政党萌力量 …… 173
- 政府萌力量 …… 177

第十一章　作为治愈系的可爱传播 …………………… 186
　日本：需要救赎的自杀大国 ………………………… 187
　社会戾气的消解 ……………………………………… 188
　"治愈系"是什么？ …………………………………… 189
　日常的治愈系传播 …………………………………… 190
　危机时期的治愈系传播 ……………………………… 192
　阪神大地震后的治愈系传播 ………………………… 193
　"3·11"大地震后的治愈系传播 …………………… 195
　总结与借鉴 …………………………………………… 197

第十二章　中国"可爱传播"的受众与媒介环境 …… 199
　负面心态之"急" ……………………………………… 200
　负面心态之"仇" ……………………………………… 203
　负面心态之"忧" ……………………………………… 208
　新媒体环境下国民心态的传染机制 ………………… 210
　新媒体环境让萌力量价值凸显 ……………………… 216

第十三章　国家叙事：建设可爱中国 ………………… 222
　中国国家叙事的困境 ………………………………… 223
　国家叙事的变化：从"高大全"到"萌萌哒" ……… 227
　通过"可爱传播"建设"可爱中国" ………………… 232

第十四章　结　语 ……………………………………… 239
　日本的"可爱传播"经验值得借鉴 ………………… 240
　加强"可爱传播"，建设"可爱中国" ……………… 241
　"可爱传播"需注意"度" …………………………… 243

第一章

"萌力量"概述

"萌"是什么

在网络平台和年轻人的世界里,"萌"(Kawaii,Cute)是一个经常出现的词汇。虽然经常使用"萌",但其实人们对"萌"的认识比较模糊,学术界对"萌"的研究也接近空白。

汉语中,"萌"主要是植物的"芽",同时有由此衍生的意思,如"萌芽""萌生"等。其含有的"可爱"之意,主要来自日语。日语中的萌写作"萌え",原来的意思与中文相同,是指草木的新芽。在年轻人的语言中,尤其是游戏、动漫和漫画的世界里,"萌"被赋予了以"可爱"为中心的丰富含义。

在日本,对于"可爱"这个意义上的"萌"的起源,至今众说纷纭。有的说法认为,日语中的"萌え"与"燃え"发音相同。"燃え"带有"燃烧"的意思,一些网络论坛热火朝天"灌水"时,有网友用"燃え"形容这种现象并鼓励网友拿出更大的激情来"灌水",由于发音相同,很容易把"燃え"误写作"萌え",将错就错被传播开来。也有说法认为,"萌"是指让人心中萌生爱意,还是源自其原来的"萌芽""萌生"之意。另有说法指出,"萌"起源于明星偶像的名字,还有的说法认为起源于漫画杂志中的少女形象……四方田犬彦在其著作《论可爱》中指出,"萌"在动漫爱好者中频繁使用,始于2003年左右,据《读卖新闻》记载,这个流行语本来是"萌芽"的意思,但在热衷于动画和游戏的宅男宅女的世界里,这个词被用于对特定人物深深的爱慕状态,也可用于人物的制服、眼睛、方言等。

从词源学的角度看,英语中的"萌"(cute)这个词大约在19世纪30年代至40年代的美国被人们认知,它诞生于校园中,表示"漂亮的、动人的、迷人的"。后来,"萌"这个词条趋向变为"与幼稚的东西和样子相关"的意思。萌,作为一个名词,从20世纪30年代至40年代被尤克斯卡尔(Uexkull)和康拉德·洛伦茨分别在各自著作中使用后,就广泛地运用于生物学、心理学、行为主义以及行为学的研究中。据康拉德·洛伦茨(Konrad Lorentz)的观点,萌的特征一定与小孩有相似之处,例如从身体比例来看,头部应该比平常更大一些,四肢较短,没有尖锐的棱角而是圆滚滚的形状,体型通常较为小巧、大眼睛、小鼻子,可能有酒窝。带有萌元素的事物,其个性也应该有着幼稚、可爱特征:无助、爱玩耍、天真纯洁、好奇、笨拙、充满感情。[①]

"萌"的起源很复杂,"萌"的含义同样非常复杂。如,萌物通常会激发人们的保护欲,这种感情不是恋爱但又疑似恋爱,包含好感、爱意、倾倒、温情等多种感情要素。有时,"萌"也带有引起性兴奋的因素,如一些稍带色情色彩的漫画中,有胸部被夸大的美少女,也被认为是"萌"。但这其中又有个"度",如果色情成分太多,就不是"萌"而是"色"了。

---

① Julia Möller: Cuteness as a form of communication. An on-line experience, Department of Applied Information Technology, University of Gothenburg, 2009。

在中国,"萌"已经成为人们日常生活中的常用词汇。年轻人经常把"卖萌""萌萌哒""呆萌""萌妹子"等词汇挂在嘴边。人们对"萌"有一个感性认知,而没有严谨的概括。实际上,"萌属性"涵盖范围颇广。如"黑长直"指某人物拥有一头黑、长、直的披肩发;"双马尾"则指梳着双马尾辫、体型小巧的美少女。不同的场合,"萌"的内涵也差别极大。

"萌"不光可以从外表来感知,还对应许多性格特征。如"傲娇"通常指外冷内热;"天然呆"则指看上去傻乎乎,反应有些迟钝;"三无"指"无心""无口""无表情",指难以被窥探内心、说话很少、面无表情的人物……ACG的爱好者(Animation,动画;Comic,漫画;Game,游戏)对"萌"进行极为细致的解析与区分。有一些细致的区分,不常看日本动漫的人很难体会。

关于"萌"的相关研究

近几年来,"萌"和"可爱"带动一批文化产业蓬勃发展,并且成为传播、广告和公共关系的重要抓手。但整体上看,关于"萌"和"可爱传播"的研究还处于起步阶段。整体上看,相关研究大都从生物学、心理学、文化学、传播学角度展开。东京学艺大学学者乔舒亚·戴尔(Joshua Dale)较为关注"萌"的相关研究,他指出,相关研究涵盖行为科学、文化研究与生物学领域,但研究成果并不多。这个研究领域很新,涉足的学者很少。戴尔估计,全世界只有几十名学者专注于这一议题,甚至至今还没有一场关于"萌"研究的正式学术会议。但戴尔相信,"萌"

的相关研究会成为一个独立的科学领域。①

1. 生物学角度的研究

据研究，婴儿是我们认识"萌"的模型。著名的熊本熊（Kumamon，酷MA萌）的两个细节——大脸颊和大眼睛，直接对应了康拉德·洛伦茨所谓的"婴儿图式（Kindchenschema）"，这位诺贝尔奖获得者在1943年发表的论文中如是界定了能引起人类喜爱和照顾的"先天释放机制"（innate releasing mechanism，简称IRM）：胖脸颊、位于面部稍下的大眼睛、高额头、小鼻子和下巴，以笨拙的方式挪动的粗短的胳膊和腿。不只是人类，小狗、幼鸭等小动物都被包括在洛伦茨的理论内。②

美国古生物学家斯蒂芬·杰伊·古尔德（Stephen Jay Gould）在《对米老鼠的生物致敬》中引述康拉德·洛伦茨的文章，认为青少年的特征触发了成年人感情和培养的"先天释放机制"，当我们看到一个有着婴儿特征的生物时，我们会自动消除戒心，激增温柔情感。斯蒂芬·杰伊·古尔德还指出，婴儿特征会引出成年人强烈的情感，无论是由于生物学基础的直接作用还是由于学习和处理信号的能力。③

2. 心理学角度的研究

萌是一种与人类婴儿因素高度相关的功能。在面对萌元素时，我们很自然地会产生同情和爱心，因为他们的可爱、无助和弱小。由于日本人结婚率、出生率都很低，并且结婚年龄晚，所

---

① The new science of cute，https://www.theguardian.com/world/2016/jul/19/kumamon-the-new-science-of-cute。
② 《熊本熊酷MA萌为何取得惊人成功？"萌"成为现代人心灵抚慰》，http://www.thepaper.cn/newsDetail_forward_1502450。
③ S. J. Gloud：A biological Homage to Mickey Mouse，Natural History，1979。

以，很多日本人也许有剩余的、未使用的"父母本能"，这种社会环境让萌元素更容易生存、发展和传播。1979年，日本漫画家江口寿史在其漫画作品中首次使用"ぶりっ子（Burikko）"（大致为"装可爱""装清纯"的意思）一词，并很快成为当时日本社会的流行语。针对这种假扮儿童的现象，亚利桑那大学（The University of Arizona）日本流行文化学者布莱恩·麦克维（Brian McVeigh）说："日本人在情感上依赖于他人，他们认为在社会关系中，他们必须看起来与那些身居高位的人不同，目的是引发那些有权势的人产生一种同情的反应。"天普大学（Temple University）的日本流行文化教授凯尔·克利夫兰（Kyle Cleveland）认为："萌不仅仅是外表，它也是一种无邪的品质。"①

日本大阪大学认知心理生理学学者入户野宏教授对日常生活中人的心理活动从主观（意识）—生理（大脑与身体）—行动方面多方位进行研究，"可爱"是其中的一个组成部分。他通过研究发现，人感觉到"可爱"后，脸部表情会自然放松，露出笑容。另外，还会出于"还想好好看"的心情，想接近对方。也就是说，"可爱"拥有使人产生行动的力量。他还通过实验证实，"可爱"可以提高精力集中度，提高工作效果和工作成绩。实验的对象是96名大学生，在实验一中，实验对象需要集中注意力用镊子夹出细小物体；在实验二中，他们要在不规则的数字中迅速找出指定的数字。实验安排了间隙休息，在休息时间，实验对象会接触动物照片，实验分为接触年幼、可爱动物照片，以及成年、不可爱动物照片。实验结果表明，在实验一中，观赏年幼、

---

① Ilya Garger：Global Psyche：One Nation Under Cute，Psychology Today，2007，https：//www.psychologytoday.com/articles/200703/global－psyche－one－nation－under－cute。

可爱动物照片后，实验对象的工作成绩提高44％；而观赏成年、不可爱动物照片后，工作效率仅提高12％。在实验二中，观赏年幼、可爱动物照片后，实验对象的工作成绩提高16％；而观赏成年、不可爱动物照片后，工作效率仅提高1％。实验结果证明了"可爱"元素对提高工作成绩的效用。① 这正是本书提出"可爱传播"的用意所在。

3. 文化学角度的研究

澳大利亚皇家理工学院的拉里萨·亨捷斯（Larissa Hjorth）认为，萌文化自20世纪70年代以来在日本社会发挥了不可或缺的作用。通过萌文化，我们可以理解一些复杂的个性化政治运作方式；也可以理解日本游戏的兴起、在日本主流社会的成功、在全球的吸引力，这都与可爱文化相关。作为一种美学和哲学，萌文化的作用在日本人个性化的兴起中起着关键作用。②

根据莎伦·金赛拉（Sharon Kinsella）的研究，萌文化作为一种青年亚文化在20世纪70年代作为自我表达的手段而兴起。年轻的成年人喜欢保持童心，而不是加入"俗不可耐"的成年人的行列。这种现象突显了"童年"作为一种构造方式在诸如日本这样的地方被构想和实践，其发展和成熟早于西方。莎伦·金赛拉还研究了可爱传播在跨国个性化政治过程中的意义——特别是在数字艺术和融合游戏话语中的流行。在情感和社交网络媒体时

---

① Nittono, Hiroshi et al. The Power of Kawaii: Viewing Cute Images Promotes a Careful Behavior and Narrows Attentional Focus, PLOS ONE. 2012, Vol. 7 (9), e46362, 7p, http://journals.plos.org/plosone/article?id=10.1371/journal.pone.0046362.

② Larissa Hjorth: Digital Art in the Age of Social Media: A Case Study of the politics of personalization via cute culture, RMIT University, Swanston St, Melbourne, Australia.

代，萌可以为数字艺术对新媒体和游戏研究提供视角。①

日本爱知大学教授周星从主观和客观两个侧面分析了"御宅族"亚文化群体内部的"萌",前者是指日本社会中为数众多的动漫卡通迷或"御宅族""萝莉控"们的主观感受，被用来表达他们对主要是限定于"二次元"的某角色、某事物（通常是拟人化的）无比喜爱的感觉、情绪和程度。后者则是指那些被极端喜欢的动漫角色或拟人化的卡通形象（包括动植物、非生物）等对象所具备的属性或特点，也就是所谓的"萌点""萌"属性或"萌"元素。正是这些"客观"的属性和特点，引发了动漫迷们强烈而又复杂、微妙的"主观"感受。周星认为，在中国语境下"萌"更多地被直接用来表示"可爱"。"萌"泛化到可以形容所有可爱的人、事和物，"萌"比"可爱"的使用场景更加宽泛。目前，"萌"具备名词、形容词、动词等词性，并且"萌"的词性和含义目前仍处于流动性当中，尚未完全确定，其作为动漫卡通迷和电子游戏迷等青少年亚文化社群的流行语仍在蔓延，充满着活力。②

上海海洋大学学者齐珮在《从日语"萌"的语用意义看青年亚文化生态体系特征》中试图从"萌"的语用意义解释，"萌要素"具有现代生活和文化层面上的特殊属性，通常动漫或网络游戏中的登场人物被这种要素有效地装扮（夸张、强调）起来，在视觉上形成类型化的造型形象。萌要素是将某一人物形象从文本世界、文化背景中独立出来的策略或手段，独立出来的人物形象

---

① Larissa Hjorth：Digital Art in the Age of Social Media：A Case Study of the politics of personalization via cute culture，RMIT University，Swanston St，Melbourne，Australia。

② 周星：《"萌"作为一种美》，《内蒙古大学艺术学院学报》，2014年3月。

的魅力完全依靠外形上的夸张和别出心裁。这种依靠萌要素包装起来的外形才是"萌"的唯一内容。因此,它的存在意义只是表现在将对象物的价值划分为"萌"和不"萌"两种。①

4. 传播学角度的研究

英国学者莎伦·金赛拉在 1995 年发表论文《萌在日本》(Cuties in Japan),总结了萌含义的多样性:卡哇伊或"萌"本质上意味着童心,它赞扬甜美、可爱、无辜、纯洁、简单、真诚、温柔、脆弱、软弱、没有经验的社会行为和外貌。"萌"已经发展成为一种强大的文化媒介,已经以多种形式(例如商品、服装、文字、语言和姿态)成为当今媒体文化中有效、有力的话语沟通和自我表现过程。②

宁波外国语学院杨娟认为,自"萌文化"传入中国后的初始阶段,"萌"仍然停留在一种口头的语言或是网络的表象上,人们还处于一种自满的状态,只懂得模仿跟风,虽然掀起一股"嘟嘴萌妆"的卖萌热潮,但却是短暂而无实质意义的。如今,虽然有不少企业已经学会从"萌"的角度进行营销来吸引顾客,与顾客交流,但毕竟还是流于表面,未得到多大的发展。其实,从社会文化的受容度来看,中国的接受能力很强,市场潜力巨大。但是由于国民对于外来文化有一定的抵触情绪,这导致我们无法深入地与"萌文化"进行接触,使"萌文化"在中国的发展仍处于肤浅的状态。③

---

① 齐珮:《从日语"萌"的语用意义看青年亚文化生态体系特征》,《外语学刊》,2010 年 7 月。
② Sharon Kinsella: Cuties in Japan. Women, Media and Consumption in Japan. Lise Scov & Brian Moeran. Curzon & Hawaii University Press,1995。
③ 杨娟:《汉日语言中"萌"字的词义词性流变考释》,《现代语文(语言研究版)》,2014 年 1 月。

第一章 "萌力量"概述

庄祖宜（Tzu-i Chuang）在《萌的力量》中认为，"可爱"一词具有多种意义，在台湾它目前正在经历着一些颠覆性的定义。作为一种风格和方式，台湾的可爱正慢慢地从无意识地体现"习惯"转变为一种"表演"。换句话说，在过去，可爱行为作为第二性质，与女性的社会期望密切相关。近年来，由于台湾女性对于表演可爱的社会影响的意识的增长，类似的行为经常显示具有一定程度的娱乐性甚至愤世嫉俗。[①]

哥德堡大学的茱莉亚·莫勒（Julia Möller）在其论文《可爱传播：一种线上体验》中指出，可爱传播已经成为战略营销、公关活动以及品牌建设方面的富有成效的新方法。萌吸引力是一种在人类进化过程中发展了千百年的生物因素，这种因素是为了给后代提供必要的关怀而产生的。但是在几十年中，萌吸引已经转为一种在目标受众身上"屡试不爽"的有效传播形式。论文从互联网上收集了100多条样本，从性别、年龄、跨文化、美学四个角度进行论述，希望帮助个人、企业组织、教育机构、非营利性组织更深层次地理解可爱传播。该文指出，可爱信息是全人类通用的语言，在传播中可以提升积极情绪，最小化压力因素，增加机动技能，并且在传播中特别容易被识别，可爱传播已经被证实在公共关系、战略营销以及意见树立方面是一个有效的工具。可爱传播可以增加销售、建立品牌，可以为客户提供友好的环境，可以通过可爱信息这种通用语言影响全球。该文认为，萌是促进认知进程的工具，例如可以为学龄前儿童准备有教育意义的线上游戏作品，使他们以一种轻松活泼的方式学习。其次，萌还可以

---

① Tzu-i Chuang：The Power of Cuteness，Female Infantilization in Urban Taiwan，University of Washington，Department of Anthropology，2005。

在医疗机构领域发挥作用，可爱信息能够在病人恢复阶段发挥作用，通过使病人感觉变好来帮助病人快速恢复。第三，可爱传播作为公共关系和广告形式得到应用，可以创造基于既有经验的创造新策略。①

中国传统文化中的萌元素

在古代中国虽然还没有用"萌"来表达的"可爱"之意，但萌元素却大量存在于传统文化中，并且反映在以人物、动物和器物为形态的传统玩具、民间艺术品上，潜移默化地影响着中国人的审美发展。

1. 人物萌元素

中国古代的萌元素多存在于与儿童相关的传统玩具和民间工艺品中。作为早期人类繁衍崇拜的物化和象征，儿童形态的艺术品用来祈福求子和希望孩子健康成长。除此之外，以老人为形态的玩具也有着独特的可爱之处，通常寓意福如东海，益寿延年。还有一些寄予着百姓们平安如意美好愿望的宗教佛像，也表现出纯真、朴素的可爱之美。

四喜娃是利用连体式造型法制成的民间玩具，其造型是一对活泼可爱、系着肚兜的胖娃娃。经过巧妙的组合，两个娃娃转化成四童戏耍的调皮嬉闹形态。铜制的四喜娃早在唐代就出现了，此外还有剪纸、陶制、玉雕等形式的四喜娃。四喜娃象征着四季轮流转，"顺顺溜溜"，年年有喜、多子多福的内在涵义。②

---

① Julia Möller: Cuteness as a form of communication. An on-line experience, Department of Applied Information Technology, University of Gothenburg, 2009.
② 彭黎：《从"四喜娃"看现代设计中吉祥观念的应用》，《中国新技术新产品》，2009年7月。

以儿童为造型的民间艺术品还有泥娃娃,也称"泥孩儿"。中国传统的泥娃娃形象通常眉开眼笑,笑容可人。头上系髻,两颊绯红,身形微胖,憨态可掬。怀中抱有鱼、神兽等吉祥之物,喜庆吉利。整体色彩明艳美丽,富有装饰性。人们常常收一对摆放在家里,祈福家庭美满,人丁兴旺。

泥娃娃形象

老人的形象也常常用于中国传统玩具和艺术品中,并带有一种独特的可爱之美。不倒翁也叫"扳不倒儿",是一种古老的儿童玩具。其形状像人,扳倒后会摇摆然后恢复直立状态。不倒翁的图案多以老翁、醉汉和财神爷为主,后来经过不断发展与演变,也有娃娃形态的不倒翁。不倒翁的衣着大多色彩斑斓,面色红润,笑脸盈盈,摇摇摆摆,显得十分笨拙可爱。不倒翁是能带来好运的吉祥物,寓意为旺盛的生命力和健康壮实的身体。在民间,它寓意人们做事常"立于不败之地",无论你怎么推它它都是笑逐颜开地顽强站在那里,给人以豁达、乐观的寄托。[1]

弥勒佛的形象也为中国古代文化中增添了萌元素。无论是画

---

[1] 邓霞:《泥娃娃——当地民众生活中永远的吉祥物》,中华吉祥文化与和谐社会建设学术研讨会暨山东省民俗学会2007年学术年会,2007年6月。

像、泥像还是玉雕，弥勒佛开怀大笑的形象都充满了喜感，圆圆的肚子从袈裟中袒露出来，大而柔软的耳垂增添一副萌态，由于大笑眼睛眯成了一条缝，厚重的嘴唇给人以淳朴、快乐的感觉。

弥勒佛形象

2. 动物萌元素

古人也常以动物为原型，制作出充满童趣的手工艺品。作为企望平安幸福的承载物，这些动物形态的玩具及工艺品大多抹除了动物凶猛的野性，使其变得更加温顺可人，呈现出一种"萌萌哒"的形态，深受大人和儿童们的喜爱。

布偶在民间也称为"耍货儿"，指主要用布料制作的玩偶或装饰品。中国民间的布偶多以动物形象出现，如十二生肖布偶，形式多样，造型生动有趣，制作工艺精美。多在孩子生辰，男女定亲，老人寿诞等礼俗中赠送使用。配合天真烂漫的儿童审美情趣，十二生肖布偶成为人见人爱，承载着美好童年的玩具。

十二生肖布偶形象

泥叫叫是一种可以吹的哨子,也叫"泥哨"。它五颜六色,外表涂上油后,又黑又亮又好看,适宜儿童玩耍。① 泥叫叫多以动物为原型,除了十二生肖泥叫叫外,还有鸟哨、鱼哨等。因为样式讨喜,色彩斑斓,萌态十足,又能发出声音,因此成为儿童最喜爱的玩具之一。

生活中以虎为主题的物件种类较多,有布老虎玩具、布老虎枕、虎头帽、虎头鞋等。"虎"在中国古代传统文化中有着十分重要的地位。虎乃兽中之王,在人们心里,老虎是驱邪避灾、平安吉祥的象征,而且还能保护财富,故此民间将虎喻为祥瑞之兽。②

---

① 王刚:《中国民间儿童玩具创新设计研究》,中南大学硕士论文,2007年10月。
② 黄慧琼:《甘肃庆阳传统布偶技艺及承继研究——以"黄河古象"布偶的研究创作为例》,中国美术学院硕士论文,2013年5月。

老虎玩具

布艺品中的"老虎"往往一改威风凛凛、威武雄伟的形象,变成一副四肢短小,身形圆胖,眼睛又大又圆,嘴巴张大仿佛在大笑的可爱模样,加上颜色艳丽,布质柔软,布老虎出现了一种"反差萌"状态。

老虎鞋和老虎帽是我国传统民间儿童服饰,十分戳人萌点。男孩带上虎头帽,虎头虎脑,可爱十足。孩子们穿上小虎头鞋,脚下虎虎生威,寓意能够健康成长,招来福喜。

老虎鞋与老虎帽

除了虎,老北京的"兔爷"形象也充满了萌元素。兔爷也称"兔儿爷",其基本形式是一尊兔首人身的彩绘泥塑,典型的兔儿爷形象为身披大红袍,头戴黄金盔,盔上斜出两耳,面具俊俏可爱,白脸、竖眉(俗称火焰眉),两眼炯炯有神,鲜红的三瓣嘴紧抿着，两颊淡抹胭脂，神态平和恬淡。① 兔爷早期是女人祭祀太阴星君时防止孩子捣乱而给孩子的玩具，后作为祭祀用品，寓意吉祥如意，事业兴盛，人脉广博。

3. 生活器物中的萌元素

除了人物、动物造型的玩具及工艺品，中国古代传统文化中的一些小物件儿也给人以"萌"的感觉。拨浪鼓、风车等玩具就是典型的代表。

拨浪鼓是一种古老又传统的乐器和玩具，最早出现于战国时期。拨浪鼓的主体是一面小鼓，两侧缀有两枚弹丸，鼓下有柄，转动鼓柄时，弹丸击鼓发出"咚咚"的响声。拨浪鼓比普通的乐器鼓要小得多，通常一个儿童单手就能将其掌握玩耍。拨浪鼓可奏出富于变化的响声，吸引人们的注意力。此外，其造型特点又增强了观赏性，使儿童能在一种欢快、轻松与优美的环境中成长。

风车，是中国民间最为普及的一种传统玩具。它通常用纸或绸布、竹或铁丝制成风轮，利用风作为动力、促使风轮旋转。风车既是一种玩具，又是传统节日的应时之物。② 风车大多色彩艳丽，美奂绝伦，经风一吹，风轮带动沙沙作响。它迎合了孩子们都喜欢奔跑、追逐的特点，并且价格低廉，所以深受少年儿童的喜爱。

4. 当前人们对文物的再创作

2013年12月30日，习近平总书记在中央政治局第十二次集

---

① 张峻：《兔爷元素在文创产品设计中的应用研究》，《艺术与设计（理论）》，2015年11月。
② 何玲：《风转风车转，车转幸福来——探析中国传统民间玩具风车》，《数位时尚（新视觉艺术）》，2009年10月。

体学习中强调,"要系统梳理传统文化资源,让收藏在禁宫里的文物、陈列在广阔大地上的遗产、书写在古籍里的文字都活起来。"① 这为推动文化创意产品的开发提供了必要的支持。同时近两年来,文物作为人类历史的重要遗产,也开始成为许多网友制作表情包的基本原型。

故宫常在社交媒体中以人格化的身份配以傲娇卖萌的语言风格与网友进行互动,并推出一系列文创品,其中就不乏令人叹为观止的"卖萌"表情包。故宫官微还曾发布一组"非典型雕塑文物",其最终呈现给大家的都是二次创造的轻松活泼的文物表情包(如下图)。

雕塑文物表情包

故宫选择另辟蹊径,将传统文化融进互联网的新潮流中,这样特色的营销传播手段无疑是独创性的,效果也是显著的。它恰当地解构了严肃历史,顺应了心态越来越年轻化的受众群体的喜好,也帮助人们更好地认识历史,学习传统文化。利用表情文字

---

① 《习近平在中共中央政治局第十二次集体学习时强调 建设社会主义文化强国 着力提高国家文化软实力》,《经济日报》,2014年1月1日。

第一章 "萌力量"概述

对文物重新创意挖掘萌点的例子非常多。比如四川广汉三星堆博物馆九层在举办"黄河流域与长江流域商代青铜文明展"时,出人意料地推出一组青铜器表情包(如下图)。多组青铜器配以"感觉自己萌萌哒""我很方"等网络流行语,十分讨喜,冰冷庄严、承载厚重历史的青铜器文物便立马生动活泼、富有生机起来,引得更多游客慕名而来。如此,不仅扩大了知名度,也增强了博物馆的公众影响力。被赋予"萌力量"的表情包除了是辅助我们语言表情达意的工具之外,在社会文化层面也同样起到了连接历史、打破断代隔离感、弘扬传统文化、教育大众的重要作用,值得我们关注与重视。

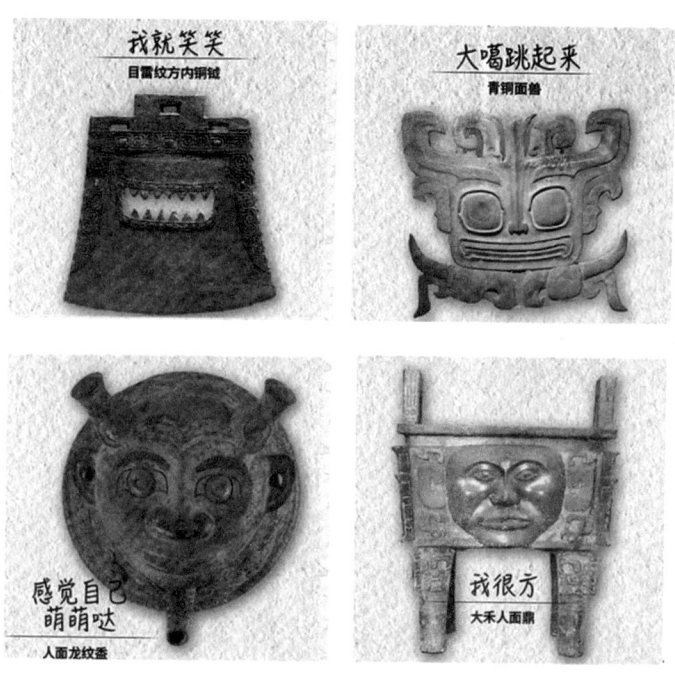

青铜器表情包

纵观中国传统文化，虽然当时的人们在制作工艺品、描绘儿童形象时没有涉及当今的"萌"文化，但是我们可以在许多传统民间玩具上看到"萌"的影子，这就是中国传统文化中的童趣与萌点。

人们对"萌"的认识

萌，往往意味着可爱、幼小、弱小。萌之所以吸引人，其实是有一定科学依据的。外貌吸引力的心理学与社会学研究指出，个体若具有较幼小的脸部特征（萌）则较能吸引他人。一些研究人员宣称，看起来较年幼的个体较能吸引异性是出于生物的理由：支持演化论的生物学家认为个体拥有较幼小的脸部特征，那么就具有较大的繁衍后代的优势，因为有较幼小的脸部特征的个体通常较健康而且也具有较长的生育期。因此，可借由其生产更多后代，意味着他们能够延续其基因。"萌"的现象出现于全人类的社会，不分人种与国籍。但是并非所有人类社会的"萌"元素都是一样的，而是会随着环境变化。

越来越多的明星在社交媒体卖萌为自己涨人气。近年来越来越多明星在微博中贴出自己搞怪扮可爱的照片，女星嘟嘴、瞪眼，往往萌态十足；男星搞怪、扮酷，时而让人捧腹。以往，明星高高在上，十分神秘，人们只能通过电视屏幕、报纸杂志等大众媒体才能得到他们的零星信息。而今，社交媒体给人们提供了便捷渠道，让大家时时刻刻了解自己心中的明星的动态；明星也十分重视通过这类渠道来吸引眼球，大众眼中的"男神""女神"都用自己的卖萌一面展现自己平易近人的生活形象，更被"粉丝"接受和喜爱。邓超等明星都是很典型的例子。

公众人物利用可爱的人或动物展现自己萌的一面，这种手法也十分常见。如贝克汉姆经常带孩子外出，展现超级奶爸形象。日常生活中，很多人也愿意在包、钥匙上面挂上各种可爱吊坠，或者随身携带一些布娃娃类的饰物。这些可爱的"饰物"在身边使得人物形象随之变萌，是增加人气的好方法。

即时聊天工具中的可爱表情应用愈加广泛。聊天表情应用很广，很多时候代替文字，人们的QQ、微信等聊天软件上面，各种可爱的表情可谓一大亮点。这些表情符号有的仅仅是面部表情，有的则综合运用了一些知名动漫形象，更加栩栩如生。与纯粹的文字相比，这类符号能更容易、更直观地表达某种想法，也能够更立体、更丰富地表现使用者的性格特征，且能使聊天更加轻松愉快，拉近了人与人之间的距离。

有时萌可以帮助我们达到一些目的。人们可以通过示弱、卖萌等方式赢得对方的同情、欣赏或爱惜，从而达到自己的目的。美国一个小女孩的爸爸是谷歌员工，这个小女孩给谷歌手写了一封信，请求公司在老爸生日那天给他休假。结果不久后老爸的上司发来回复：将在七月第一周给他整整七天的休假。在生活中很多时候我们有求于人，比起硬生生的要求或呆板的客气，有时卖一下萌会更加管用。每个人都喜欢可爱的人，做一个可爱的、会卖萌的人，让他人感觉亲切自然，会使我们更受欢迎，会得到更广泛的包容、理解与支持。

人们在日常生活中喜欢用"萌"相关的词。人们在用"萌"这个字的时候，对它是怎样理解的呢？我在课堂上进行了随机调查。

这是中国传媒大学广告学院公共关系学系的课堂，21位大学本科生的年龄都在20岁左右。对他们的调查，也许能让我们看到中国年轻人是如何理解"萌"的。

首先，我让每个人想一个词，来代替"萌"。也就是找一个与"萌"最相近的近义词。为了避免出现相互影响的现象，我嘱咐大家想好后写下来，不要修改。21位同学给出的结果如下：

可爱

叶良辰

蠢

胖

表达直接

大眼睛

好的感觉

纯真

动人

单蠢

头上长草

毛茸茸

黏人

俏皮

天然呆

呆萌

窒息

蠢蠢的

笨拙

引起同情

软

从这21个近义词中，我们可以看出：第一，大多数人都认为"萌"是正面词汇，如"纯真""俏皮""黏人""可爱""引起同情"等属性,都能够让人引发正面、美好的联想,而非引发人们反感的负面属性。第二,不少人从视觉的角度理解"萌",认为"萌"与外表、样貌相关,如"大眼睛""毛茸茸""可爱""头上长草""动人"等,都是偏可爱的样貌。第三,不少人从触觉的角度理解"萌",如"软""毛茸茸"是典型的触觉感受,"胖"在一定程度上也有触觉的成分。第四,不少人从性格角度理解"萌",如"天然呆""俏皮""可爱""纯真"等。第五,很多人认为"萌"包含傻、笨、蠢、呆的含义,这种"傻"并不是让人厌恶的"傻",而是能够让人看到人的本性、不伪装的"傻",如"蠢""单蠢""天然呆""呆萌""蠢蠢的""笨拙"等。

然后,为了能够更准确地了解人们对"萌"的认知,我又让21位同学分别想一个与"萌"相对的反义词。结果如下:

严肃

讨厌

凶恶

坏心眼

高冷

世故

阴险狡诈

奸诈

使人厌恶

御姐

精灵

外表恶心

熊家长

泼辣

不善解人意

火辣

雷人

算计

丑恶

头发太长

自私贪婪

从这21个反义词，我们可以看出负面词汇很多，起码有11个，超过半数。如"讨厌""凶恶""坏心眼""世故""阴险狡诈""奸诈""使人厌恶""外表恶心""算计""丑恶""贪婪自私"，都是有很强负面色彩的词汇。这也反衬了人们往往认为"萌"有美好、正面的含义。此外，有人从性格角度理解，有人从外表角度理解，与上述"萌"的近义词基本契合。

最后，我让21位同学分别用一句话，说明自己对"萌"的体验，或介绍一个让人感到"萌"的场景。结果如下：

毛绒玩具软软的，很萌。

室友爱穿小公主配色的衣服，萌萌哒。

短腿柯基犬，好可爱，好萌。

飞流嘟嘴巴的时候很萌。（注：飞流是《琅琊榜》中的人物）

闺蜜是个很萌的人。

暹罗猫主动蹭我，很萌。

萌让我想起纯真美好的少女，比如前女友。

一直很理性的人突然犯蠢，让我觉得很萌，如福尔摩斯。

小黄人暖暖的很贴心。

亲弟弟的脸和肚子时，让我觉得萌。

微信表情，发完感觉自己萌萌哒。

布偶猫，毛长又黏人，很萌。

加菲猫的脸又大又圆又扁，很萌。

日剧女主角，反应迟钝，傻傻的让人觉得萌。

上课严谨的老师在晚会上唱好玩的歌，反差很大，很萌。

喜欢狗，随便折腾都行。

互动营销课上，老师讲着讲着自顾自笑了，很萌很可爱。

热血单纯的蜡笔小新。

娃娃熊。

小朋友走路走不稳，好萌。

大白（Baymax）很萌，头小身子大，软软的感觉。

从这 21 句话我们可以看出，第一，动物出现频率高。其中狗和猫出现最多，达 5 次，分别为"柯基犬""暹罗猫""布偶猫""加菲猫""狗"。第二，动漫形象和和玩偶出现频次较多，玩偶带有动物的色彩，如"娃娃熊""毛绒玩具"等，动漫形象包括大白、小黄人、蜡笔小新等。第三，女生和小孩出现频次也比较高，如日剧女主角、小朋友、闺蜜、前女友等。归纳起来，这些让人感到萌的事物，通常具备如下特征：让人向往、让人充满好感、样貌可爱、性格温顺、触感温暖柔软舒适，性格也较为天真、依赖人、有点蠢。

虽然这个小调查样本很少，但其调查结果比较真实地反映了人们尤其是年轻人对"萌"的认知。调查结果与本书后文出现的吉祥物萌力量、动物萌力量都十分契合。

总之，"萌"是一种正面感受，基本等同于"可爱"，同时有"纯真""俏皮""有趣"等多种相近的含义，包含受众对主体的好感、爱慕、倾倒、执着、兴奋等各种感情。"萌"既可以通过外表来体现，也可以通过性格、触觉等方式体现。"萌"的载体有很多,如动漫人物、动物、小朋友、女性等。这种感情与喜欢略有不同,"喜欢"的感情往往宽而浅,而"萌"的感情则往往窄而深。在日本,"萌"与宅男有着千丝万缕的联系。2004年,"萌"与"电车男"等一起被当年流行语排名提名。2005年,"萌"被评为十大流行语之一,从而被广泛认知。近几年,在中国和日本,尤其在日本通过"萌"的相关要素进行可爱传播,助力宣传、教育、学习、推广的做法十分常见。本书将选择其中一些典型案例进行介绍。

萌力量与可爱传播

软力量(Soft power)也被译作"软实力",是我们熟悉的概念。这一概念最早由美国著名学者约瑟夫·奈提出,区别于军事、经济等方面的"硬力量"。软力量往往包括文化、意识形态、国家凝聚力和国际机构的规则制度,以及社会制度、国家形象、领导决策能力、外交能力、信息能力、创新能力、知识经济力量、跨国公司力量等方面。

继软实力之后,美国学者苏珊尼·诺瑟、约瑟夫·奈又提出巧实力(Smart power)的概念。这个概念强调综合运用软实力和硬实力两种力量,达到自身的战略目标。说白了,就是我们中文说的"软硬兼施",当然要加一个限定词"巧妙地"。

可见,软力量可以看为一种力量,这种力量蕴含在文化、制度、能力等方面。而巧实力与其说是一种力量,不如说是一种战略,巧妙地运用软硬两种力量达到自身的战略目标。

受"软力量"和"巧实力"概念的启发,结合"萌"和"可爱"所展现的巨大力量,本书提出"萌力量"(Cute power)的概念。

"萌力量"的主体可以是所有的组织或者个人，既可以是国家，也可是是省市县等区域；既可以是企业，也可以是医院、学校等机构；既可以是政府部门，也可以是政党、官员、政治家……当然，每一个个体的人，都可以有自己的萌力量。"萌"或"可爱"已经成为日本软实力的重要组成部分，大阪大学教授入户野宏认为，"可爱"的威力无穷，"可爱"可能成为挽救失去活力的日本的一个处方。①

　　本书认为，所谓萌力量，是组织或个人通过挖掘并展现以"可爱"为中心的萌元素，通过特定的语言、动作、表情或动漫、吉祥物等形式开展传播、沟通活动，从而实现博得好感、赢得支持、改善形象、疏导情绪等目的的力量。萌力量的展现，往往需要展现组织或个人可爱的一面，也就是要通过"可爱传播"来实现。

　　与"软力量"和"巧实力"相类似，萌力量既是一种力量，也是一种战略。

　　一方面，萌力量是一种力量，可以看做是软实力的一个组成部分。比如日本这个国家在动漫、吉祥物领域较为发达，甚至曾开展动漫外交，其动漫、游戏、吉祥物文化中"可爱"的一面在全球颇具影响力，日本就是一个萌力量较强的国家。

　　另一方面，萌力量也是一种战略，是通过传播可爱元素开展的战略传播。传播的战略有很多种，可以通过反复传播的口号、标语进行，也可以通过文学、电影、音乐等方式开展宣传，还可以通过发布新闻、引导舆论等方式开展。其实，在传播商业信

---

① 《发现"看可爱的东西能集中注意力"！——日本最新研究，揭示"可爱"的新的可能性》，http：//www.hiroshima－u.ac.jp/cn/top/kenkyu/now/no31/。

息、区域信息、理念信息时，还可以通过"可爱"进行包装。

"萌"已经越来越多地出现在我们的生活中——"呆萌""蠢萌""傲娇萌""腹黑萌"等一系列萌属性词汇成为新兴的人物性格形容词。而这类词语往往带有褒义的感情色彩，"萌"包含欢乐、可爱的含义，对严肃、负面信息有消解作用，对愤怒、忧虑等情绪也有"治愈"作用。"萌"的这些特征，让人有欲望去了解和接触，让人给予更多的耐心去包容和原谅。这种大众心理无形间赋予了"萌"一种更有效用的力量——萌力量，这种"可爱传播"可以传递欢乐和正能量，制衡负能量，治愈负面情绪，提高个人或组织的亲和力。

萌力量和可爱传播的主体有很多种。如政治领域的萌力量，往往体现在政客个人的生活化、平民化形象的塑造上，有时也可以通过政治人物动漫形象、幽默言行等方式展开可爱传播。政府活动中的萌力量，往往体现在政府部门富含趣味性和人性化的宣传、传播手段，如善于卖萌的地方吉祥物、有趣的政府网站、公务员的卖萌行为等。商业领域的萌力量也得到广泛运用，如依靠乖巧可爱的卡通形象打造品牌、进行促销、吸引目标人群等。高校萌力量，体现在凝聚学校学生、增加校园趣味文化的吉祥物形象，以及各类萌态十足的各类校园文化现象上。人们的日常人际交往也需要萌力量，个人在合适场合通过搞怪行为或天真可爱的方式进行自我包装，从而拉近个人与他人的距离、获得他人支持与喜爱，是一种有效的社交手段。

萌力量是一种状态，也是一种资源，更是一种宣传思维，与我们日常工作与生活联系紧密。

首先，萌力量是一种状态。既然是力量，就有强有弱。一个组织或个人善于挖掘自身的"可爱"元素，并积极运用到赢得好感、改善形象等方面，日积月累，其萌力量就比较强。本书反复提及的日本，在历史上曾犯下滔天罪行，但现在它在不少国家的形象不错，即便在中国，也有不少人喜欢日本，或喜欢日本的某一方面。综合来看，一方面日本在战后为全球提供的汽车、电器等产品，在很大程度上改善了其国家形象；另一方面，在日本经济不景气、汽车和电器品牌竞争力下降时，其动漫等文化产品又在某种程度上为其国家形象带来正面影响。

我们常被教育"要自强"，"不能示弱"。其实，适当的"示弱"是有利于赢得同情和支持的。林黛玉的"病态美"常被人提起，更值得关注的是其"柔弱美"，这种娇弱、柔弱因病带来，也源于其性格。如上文所述，萌物会引发人们的保护欲，林黛玉就是激发人们保护欲的最好例子。具体到日常生活中，女生在男朋友或父母面前撒娇，就是最典型的"示弱"，其"杀伤力"之大，我想有女朋友的男读者都深有体会。

现在，一些"女汉子"不会撒娇。她和男朋友逛街时，看上一件裙子希望男朋友帮买，就会逐条列举理由，好看、便宜、上班需要、带来自信，等等。说半天，其男朋友都不一定被说服。而"可爱型"的萌女，什么理由都不需要说，小鸟依人地撒个娇，男朋友就什么都答应了。一些"女汉子"不妨进行"萌力量"的修炼。这就是萌力量的"威力"。

其次，萌力量是一种资源。每个国家、每个区域、每个组织、每个企业、每个个人，都不同程度地拥有萌力量资源，只是认识、挖掘、展现、利用的程度不同。如有的人，实际上很萌很可爱，但在人们面前展现的总是严肃、刻板的一面，萌力量资源没有得到挖掘。很多国家、区域、企业和机构也有同样的问题，原本可以通过很有趣、很好玩的方式说明自己、宣传自己，但呈现出来的总是严肃、刻板的一面。如中国的对外宣传就在一定程度上存在这个问题，把冗长难懂的官话直接翻译成外语进行传播，难以取得好效果。

"可爱"是"萌"的一个重要方面，可爱一般被用在小的事物上，如小狗、小猫、小孩，都可以用"可爱"来形容。涉及到国家、国家领导人、政府等严肃的"大话题"，人们都会很自然地与"可爱"划清界限，这也是当前我们很多萌力量资源没有得到挖掘的根源所在。

其实，当前萌力量应用范围已经急速扩大。小狗、小猫、小孩很可爱，那我们就可以用这些可爱元素来展现高大上的话题，如通过憨态可掬的熊猫、天真无邪的孩童来展现中国的某些侧面，就是萌力量应用的最简单方式。这种资源有宽泛的用途，如被应用到产品推广、旅游推介、形象塑造等方方面面，在传播、公关、广告方面有广泛的应用。

同时，萌力量是一种传播思维，需要"可爱传播"的支撑。通过"萌"的元素，来宣传、推广自己，这种手法得到越来越多的应用，已经成为一种宣传思维。当前很多社交组织都会通过卖萌的方式，展现可爱的一面，既包括可口可乐等大型跨国公司，也包括联合国等国际组织。"可爱传播"，也就是涉及卖萌、可爱信息的传播活动，往往能够较好展现组织的萌力量。

通过萌力量进行的宣传活动，在日本非常常见和普遍。如"萌"成为日本十大流行语后不久，日本著名的秋田米就推出"萌米"，并专门注册了几个以"萌"命名的品牌，通过美少女形象推销大米，增加了销量。北海道有个地方叫"留萌"，这个地方的交通设施在2009年推出"萌子全程票"，票面印制了专门设计的美少女（如图），迎合宅男乘客。票面上的这两位美少女虽然是虚构的人物,但都设定好了年龄、职业、性格等,具有故事性和传播力。

由于日本各类组织很善于运用萌元素开展宣传活动,所以本书将以日本为中心,挖掘和分析可爱传播的案例,以供借鉴参考。

第二章

可爱传播的受众心理分析

近年来,萌物受追捧,卖萌传播受关注。人们喜欢萌物,有复杂的社会背景和心理背景。比如,很多年轻人不愿长大,这种"幼稚化"的心理特征,为萌物打开市场奠定了基础。此外,拟人化也是人们的心理特征之一,人们把神灵、动物、物品甚至抽象的思想理念进行拟人化的想象,在心理和行为方面均得以体现。

说到"萌",人们就会想到日本,就是因为日本人喜欢萌物,萌力量在日本被广泛应用。日本萌物的代表有很多,其中动漫和吉祥物是两类最有代表性的"萌物"。近年来,日本动漫文化席卷全球,动漫已经成为日本的一张名片;此外,以"熊本熊"为代表的日本吉祥物也不断吸引世界的目光。动漫和吉祥物中的"萌物"表现出来的可爱元素,是日本文化吸引全球受众的一大利器。从动漫和吉祥物文化的泛滥,能管窥日本人的部分心理特征。本章会用一定篇幅考察日本人喜欢"萌物"的心理,同时梳理中国人的相似表现。

"幼稚化"的心理倾向

幼稚和不成熟是两个不同的概念。不成熟,是指因为年龄、阅历等各种客观条件限制，没有达到成熟的境界。而此处所说的"幼稚"，是指原本已经有足够的年龄、人生阅历，而因某些主观因素，不愿长大，不愿走向成熟。日本人的幼稚化倾向较为典型。其实最近几年，中国的"80后""90后"在成年后依然表现得"孩子气"，这种幼稚化心理也受到一定程度的关注。

日本人心理的幼稚化倾向首先体现在语言上。日语是世界上比较特殊的一种语言，日语中有不少词是特定人群或特定场合才可以用的。如有些词只能女性用，有些词只能男性用；有些词只能年轻人用，有些词只能老人用。在语言学中，就有不少关于日本年轻人用语的研究。这里所说的年轻人，通常指青少年或者20多岁的人。如"ヤバイ（Yabai）"就是年轻人用语中使用频率很高的一个词。这个词起源于战前囚犯用语，后在黑社会中也经常使用。它改词于20世纪80年代，成为日本年轻人常用语，意为"糟糕"；20世纪90年代，它依然是年轻人的常用语，但派生出了新的意思，形容事物"特别厉害"时也可用。也就是说，不论是特别沮丧地想表达"糟糕"的意思，还是特别兴奋地想表达"厉害"的意思，都可以用"ヤバイ（Yabai）"，而传统日语中更精确、传神地表达情感的词语已经渐渐淡出年轻人的视线。

原本，年轻人的语言，年轻人使用，也无可厚非。近几年，很多四五十岁的人，也热衷于使用年轻人语言，借以显示自己比较"潮"、比较"酷"。这已经成为日本社会有识之士比较关注的问题。如2013年12月的一项调查就关注了这个问题，"一把年纪的成年人使用年轻人语言，让人难为情"。众多年轻人语言中，上述的"ヤバイ（Yabai）"一词位居第二位。

幼稚化的另一个表现是人们的遁世倾向。这种倾向尤其在20世纪90年代日本经济增长停滞之后表现突出。很多年轻人不上进、不学习、不思考、无责任感，他们不愿长大，不愿面对社会，不愿与人交流，不愿投身工作，不愿承担责任。这些人成年后，开始竞相追逐可爱的事物，美少女、吉祥物、动漫中也大量出现少男、少女元素，这种倾向与"宅文化"等发生化学反应，相得益彰，相互促进，不可收拾。一些出版物对这种现象有所体现，如小说家清水义范的《大人的消失》、大前研一的《低智商社会》等，犀利地指出日本社会的"幼儿化"倾向。日本最大的广告传播公司电通曾于2014年末发布预测报告，指出日本到2020年，受众将同时拥有2个以上的时间和空间，可以拥有不同的人格。在每个不同的人格基础上构建人际关系网，受众将在其构建的不同的人际关系网中活动。从不同的人际关系网中挣脱出来，"遁世人"群体形成。①

中国人的心理也有一定程度的"幼稚化"倾向。上文提及了日本人的幼稚化倾向，这可能是日本人喜欢萌物的原因之一。其实在很多国家，幼稚化现象都不罕见。生理成熟和心理成熟出现越来越长的"空当"。在中国几千年的历史上，一个人出生后，开始逐年成长，他们或者接受教育，或者无法接受教育，但身体发育成熟之后，就面临结婚、生子；出生的孩子重复他们父辈、母辈走过的路。历史车轮滚滚向前，一代一代人就如此反复、轮回。历史上，男性十七八岁、女性十五六岁结婚就已经很正常，这时他们就开始以"成人"的身份承担责任，用"成人"的思维思考问题。而今，随着经济社会发展，虽然人的身体发育和成熟更早，但人们结婚、生子的年龄更晚。历史上，三十几岁的人，

---

① 公益财团法人吉田秀雄纪念事业财团，《AD STUDIES》2014年12月特别号《2020，广告创造未来》，20页。

也许已经准备当爷爷奶奶了，而今，不少三十几岁的人才刚刚开始考虑结婚，其中一些人还自称"男生""女生""男孩子""女孩子"。

也就是说，人们生理成熟和心理成熟之间出现了很大的空当，并且这个空当似乎正在逐渐扩大。历史上，人们身体成熟之后，心理必须走向成熟；而今，人们身体成熟之后，心理年龄不会马上走向成熟，会有几年甚至十几年的空当。这就导致社会上出现大量的"大孩子"。这些人虽然已经二十几岁甚至三十几岁，但他们还自认为是一个孩子，语言、行为、衣着、消费，都带有"孩子气"：他们与儿童一样，喜欢一切可爱的事物。与真正的孩子不同的是，这些"大孩子"往往有自己独立的收入和一定的消费能力，在自己喜欢的萌物面前，他们愿意掏钱消费，并且很享受这个消费的过程。

这些"孩子气"的成人群体，还在不断增多、壮大。他们正在创造一个诱人的巨大市场。

"拟人化"的心理与行为

人，总是通过自身角度观察世界，把神灵、动物和身边的物品进行拟人化。钱币、食物、动物、植物，甚至抽象的思想观念，都成为日本人拟人化的对象。2006年，日本出版《拟人化白皮书》，据其介绍，日本的拟人化早在奈良时代就很兴盛，那时的日本人就把神灵、自然进行拟人。

1. 动物拟人化

与其他很多国家的人一样，日本有大量爱狗、爱猫人士，这是人类共通的。但日本人似乎更喜欢把这些可爱的动物拟人化：给它们起名字，赋予它们特定的性格，甚至赋予它们特定的工作岗位。

日本绘画史上，早在公元12世纪的平安时代，就出现了动物的拟人化，最典型的是《鸟兽戏画》，画中的猫、青蛙等动物都像人类一样双脚走路，直立行走。但古代日本人对动物的拟人化，不是出于对动物的喜爱，而是通过动物来刻画疾病、鬼怪，以及人们无法理解的、让人感到恐惧的事物。

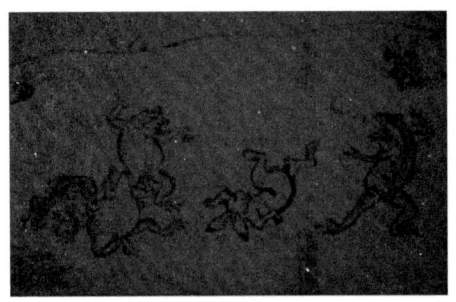

12世纪平安时代的《鸟兽戏画》

而今，日本人更喜欢发掘身边可爱的动物（宠物），并赋予其一定的性格和形象。如红遍日本的"猫叔"。猫叔的日语名为"かご猫"，出生于2002年。猫的主人通过博客发布其照片，让这只猫逐渐风靡日本。除书籍、光盘外，还有大量的周边产品。

其书籍还被翻译成中文出版（如图）。其中文书籍如此介绍"猫叔"：它的博客每日有上百万的人密切关注；它在日本代言无数堪比木村拓哉；它在诸多电视节目、杂志拥有专猫专访；它被视为日本文化"隐忍淡定"的体现。除此之外，日本人还善于通过

动物开展宣传,如在日本各地不断出现的动物市长、动物站长等,本书将另辟专门章节进行介绍。

2. 动物神灵化

日本是一个多神主义国家。在日本人的心中,世间万物都是神灵,吃饭前表示对食物的感激、吃鲸鱼的同时为鲸鱼修建神社,都是把身边的动植物神灵化的表现。多年来,虽然遭到多个国家的反对,但日本坚持捕鲸。日本捕鲸有两大幌子,一个是"传统文化",一个是"科研调查"。据日本历史资料显示,《万叶集》中就有关于捕鲸的记载。在日本历史上,鲸鱼带有一定的神格色彩,日本很多地方有鲸鱼的纪念碑,表达民众对鲸鱼的感谢和追悼。神奈川县现存1834年建成的"鲸冢";大分县有1870年前后建成的"鲸墓";宫崎县有"鲸魂碑";爱媛县有1910年建立的"鲸供养塔";东京还有"鲸神社";岩手县则有"鲸观音"。这些纪念设施,都是为了表达对鲸鱼的感谢之情。此外,日本还保留着一些关于鲸鱼的民歌、舞蹈和民间庆祝活动。所以不少日本人认为捕鲸文化是日本"传统文化"的重要组成部分,外界反对日本捕鲸就是干涉了日本"传统文化"的传承。

除了把鲸鱼神灵化之外,狗和猫也比较容易成为日本人神灵化的对象。如众所周知的八公犬的感人故事,八公犬塑像现在还被立于人来人往的东京涩谷车站外,大多数人把这里当作约定碰头的地点,也有一些日本人路过八公犬雕像时会双手合一,进行祭拜。八公犬的形象在很多日本人的心中已经被神灵化。2015年去世的日本和歌山电铁贵志川线贵志站的站长小玉是一只猫,这只猫的去世引起日本主流媒体关注,其葬礼也吸引了日本全国各地的3000人前来祭奠。在去世前,这只名为小玉的猫先后被认定为"和歌山县观光推广大明神",去世后,这只猫还以"小玉大明神"的名义被供奉在附近的神社中。以"小玉站长"为代表的动物拟人化以及神灵化，通常都实现了很好的推广和营销效果，有的还带来巨大的经济收益和社会效益。

也就是说，日本人往往喜欢把身边可爱、感人的动物进行拟人化，被拟人化的动物中，有一些动物在感动人心等方面极为突出，继而会被神灵化。

3. 物品拟人化

当前日本人的拟人化更为简单、直接，人们把城市、会馆、硬币、交通工具（自行车、摩托车、小汽车、地铁、轮船、飞机）等身边常见的事物进行拟人化，赋予性格、感情、形象，增强趣味性和亲近感。如日本人把1日元、5日元、10日元、50日元、100日元、500日元六种硬币拟人化，每种硬币被塑造成不同的人物形象（如图）。同时，东京国际会展中心等东京标志性建筑也被拟人化，被刻画成美少女形象。

一本名为《萌家电：当家电成为家人》（大和田茂著，2015年6月出版）的书吸引过笔者的注意。其实，物品拟人化的极致，就是机器人。它本来是一个吸尘器，人们给其赋予智能化的功能，并进行拟人化，"机器人吸尘器"便应运而生。该书从机器人吸尘器入手，指出人们将会赋予家电更多"人格"，家电拟人化的趋势已势不可当，人们在无意识中已经把家电拟人化了。尤其是各类家电的逐步机器人化，人们将会对家电充满感情，去"爱"家电、"呵护"家电，今后的家电设计也将出现越来越多的

拟人化要素。家电将有人格，有性格，有故事，销售家电将不只是销售其产品和功能，家电的"人格属性"也将成为重要的价值。家电将不只是电器，而是成为"家人"中的一员。

4. 抽象概念拟人化

不光是看得见、摸得着的具体的事物被拟人化，甚至连抽象的"思想""主义"也被拟人化。如2011年出版的一本书《卖萌学习思想集》，将"思想"和"主义"等抽象词汇拟人化。人格主义、利他主义、资本主义、民主主义、功利主义、保守主义、完美主义、拜金主义、禁欲主义、享乐主义、乐观主义、悲观主义、虚无主义等抽象概念被拟人化成

《卖萌学习思想集》封面

不同人物形象。如自由主义被拟人为一位温顺的保姆，她让身边三个孩子自由玩耍，并对孩子们说："有困难的时候，要尽最大可能相互帮助哟！"除拟人化的漫画之外，这本书还对每个词都给与简要界定，注明词源、代表思想家、参考著作等基本信息，帮助读者在最短的时间内，通过最直观的方式大致了解这些抽象词汇的基本含义。对这种出版物，日本的网络平台出现两种对立的态度。一种观点认为，这本书通过直观、简洁、明了的方式让人粗略了解抽象词汇的含义，很有价值；另一种观点则认为这种出版物只能让人对非常专业的词汇一知半解，甚至产生误解，并且容易让人们对严肃概念的认知停留在表层，而不去深入探究。

日本人似乎很喜欢把抽象、枯燥的概念进行拟人化，帮助人们理解与记忆。

2008年,PHP研究所出版了一本名为《元素周期——卖萌记住化学基础》的教科书。书有A5纸张大小,通身印刷成粉红色。每两页解说一种元素,左页是该元素的拟人插图,例如,原子号1号的"氢"是妖精形象,"氟"是个一脸好胜的女孩手拿煎锅,而"镁"的角色则酷酷地手持步枪。这些造型都与它们的元素特性有关。除去左页的插图外,右页还注

《元素周期——卖萌记住化学基础》封面

明了该元素的科学知识,包括发现年份及发现者等信息。这本书出版后,在日本社会引发了如何平衡"枯燥"和"娱乐"的争论。

其实,《元素周期——卖萌记住化学基础》这本书是PHP研究所推出的"萌书系列"中的一本。这个"萌书系列"包括《星座、天文——卖萌记住宇宙基础》《矿物——卖萌记住化矿物科学基础》《气象、天气——卖萌记住气象学基础》《物理法则——卖萌记住物理学基础》《日本国宪法——卖萌记住宪法学基础》、《哲学——卖萌记住哲学基础》等多本通俗易懂的书籍。

最近,"可视化"三个字备受关注。除数据可视化之外,新闻媒体也在力推新闻可视化。在当前"读图时代",比起大段的文字,人们更愿意接触图片。尤其是新技术、新媒体让图片的印刷、传播成本下降,在新媒体平台,"读图"更为兴盛。美国IT网站Computer world发表署名麦克·艾尔甘(Mike Elgan)的文章称,随着社交网络的逐渐进化,不受地域和语言限制的图片逐

渐取代了繁琐而微妙的文字，成为传词达意的主要媒介。在中国，新华社很早就推出准确、简捷、明快、一图胜千言的图表新闻；很多学者开展了数据可视化的研究，并在大众媒体有广泛应用。从这个角度看，我们不得不说，《卖萌学习思想集》一书通过"可视化"的手段来解释晦涩难懂的抽象概念，弊端自然有，但还是有其积极意义的。

在中国，卖萌教材也曾出现并引发关注和讨论。据 2015 年 8 月 25 日新华网报道，一本高中物理教材融入很多时下流行元素，如在"远动描述和直线运动"章节里，第一讲内容被称作"其实一开始学习运动我是拒绝的"。[①] 有的人认为卖萌教材增加了学习趣味性，也有的人呼吁教材需严谨，卖萌应有度。

5. 产品开发拟人化

在产品开发方面，一些企业很好地把拟人化与人工智能化相结合，推出了人性化程度很高的产品。如夏普在 2015 年日本高新电子展（CEATEC JAPAN 2015）发布过一款机器人型的手机"RoBoHoN"，夏普"AQUOS"系列智能手机中搭载的"emopa"功能同样是将人性化的智能体验进一步扩张。夏普正式借由这样的尝试来推动"AIoT"产品及其服务的开发，并将"语音对话""感知、人工智能""嗜好理解"等要素注入其中。其实"emopa"这一功能是夏普所谓的拟人化主义中最为直白明显的一个体现，这一功能能够在手机掉落时像人一样喊疼，能够在下雨时语气亲切地提醒用户带伞，也能够基于对用户喜好的分析，在其可能感兴趣的电视节目播出时询问是否打算观看。电车到站时会提示你

---

① 新华网：《"卖萌教材"网络蹿红 专家：教材需严谨卖萌应"有度"》，http://news.xinhuanet.com/2015-08/25/c_1116366859.htm。

下车,首次去往某个陌生的地点时会主动帮你搜索当地信息,这些都像是一个活生生的"助手",体贴而又不生硬。和以往不同,夏普不再将其差异化体现在单纯的外观方面,而是希望让手机体现出更多的"情感",能够更有针对性地满足"人"的使用需求,同时也更贴近"人"。①

夏普推出的 RoBoHoN 机器人型手机

6. 区域拟人化

日本人还往往把区域进行拟人化设计。日本 47 个都道府县(相当于中国的省市自治区)也被拟人化,并出现了多个版本,如东京被拟人成一位英俊帅气的公司职员,最北边的北海道被拟人成一位留着大胡子、穿着厚大衣的豪爽大哥,最南端的冲绳则被拟人成着装清凉、鲜艳,皮肤被晒成古铜色的妹子。他们不光把日本的地区拟人化,还把触角延伸到中国。日本网民把中国多个省市区进行拟人化,如北京被设计成一位拿着二胡和扇子的 18 岁少年。

---

① 《日本手机那些事:跟拟人化的手机谈一场恋爱》,http://j.news.163.com/docs/5/2015102410/B6MEPAPL9001PAPM.html。

第二章　可爱传播的受众心理分析

北京：男　18岁（高三）184cm

日本媒体的调查结果显示，如果将中国城市拟人化的话，日本人认为北京属于高贵冷艳派的角色，少言寡语，父亲是一名共产党员。他的运动细胞发达，擅长各种体育运动。说一口流利的普通话。身体里流淌着贵族的血液。

上海：男　16岁（高一）181cm

在外企工作，英语自不必说，通晓多国语言，绝对的高富帅，身材出众，打扮有型，最大的特征是一头金发。他的爱车永远是大众牌。

萌力量：可爱传播论

成都：女　18岁（高三）168cm＋8cm高跟鞋

她有一头棕色系的长卷发，口齿伶俐，一针见血，生气的时候会向周围的人施展武力，绝对的大姐范儿。非常热衷于考古发现，也收藏了不少熊猫的周边产品。①

7. 拟人：人的本能？

人，总是喜欢站在自己的立场、通过自己的眼睛看待世间万物。牙牙学语的两岁小孩，刚刚开始认识并表达周围的事物，便会问："月亮干嘛呢？""车车走了，车车生气了。"月亮、汽车，对于孩子来讲，都是与人一样的存在。也许，这是人类拟人化的根源所在，拟人化也许是人类的一种本能。

日本人的拟人化可谓登峰造极，其实在日本之外的地区，人们也越来越喜欢用拟人化的方式让信息传播更人性化。

2012年6月13日，"好奇"号成功登陆火星，随即，推特上出现了这样一条信息："我顺利着陆火星，盖尔陨坑，我在里面啦！"这个冷冰冰的机器拟人化地与粉丝们交流，瞬间引爆了无数眼球，短短一天时间，"好奇"号的粉丝从15万飙升到70万。全球媒体都为"好奇"号而兴奋，大家都在谈论这个花费了25亿

---

① 陈思：《日本人眼中的中国城市形象　你的家乡有多萌？》，http://japan.people.com.cn/n/2014/1021/c374112－25879460.html。

美元,重达 900 公斤的"大家伙"。

"我很酷,马上就要开始建造了,我需要一个名字。"2008年,还没有名字的"好奇"号发出了第一条微博。随后几年,"好奇"号不断在微博上发布"成长信息":诸如"我本周有 3.5 英尺(1 英尺约合 0.3 米)高了"、"我有了脖子和脑袋"等等。"好奇"号登录火星的一周年纪念时,在地面人员的帮助下,"好奇"号依靠样品分析仪上不同频率的震动为自己唱了一曲"祝我生日快乐"。

中国的"月球车玉兔"的微博可谓是卖萌成功的典型代表。2013 年 12 月 1 日,一个名为"月球车玉兔"的微博号悄悄登场,这个微博一直以第一人称"我"代表月球车玉兔实时播报中国第一辆月球车的登月过程。其语言有时幽默,有时伤感,可谓卖得了萌、说得出理,不但幽默风趣,还科普了大量月球知识。一篇题为"可能熬不过这个月夜了"的"玉兔日记"中,"晚安,地球。晚安,人类。"这句问候,更是让无数人为之落泪。

在玉兔号出现故障后,一条微博"啊……我坏掉了。"让无数人为之牵挂。网友称玉兔号"用生命在卖萌"。19 天后,"Hi, 有人在吗?"玉兔号微博的一句普通问候引起网友极大关注,短短 1 个小时,它被转发 34448 次,评论 24288 次。

"玉兔"微博卖萌截图

在这种话语体系中,玉兔号出现故障也不那么冷冰冰,而是充满温情、温暖和人情味。

好奇号火星车的微博也曾公开"勾搭"玉兔号,在微博上说："首先，咱们做朋友吧，土豪@嫦娥三号和@月球车玉兔。其次，我作为一个尝尽孤独之苦的过来人，给你们一条建议：千万别去呀，现在后悔还来得及！""月球车玉兔"也给出积极回应。

据媒体报道，这个微博号到底是谁在运作一直非常神秘，通过多方查证，原来萌兔子背后的主人是新华社和果壳网，而目前负责为玉兔发声的是一位来自北京的萌妹子。2015年11月，"月球车玉兔"的新浪微博粉丝近60万人。

被治愈：想象的放松空间

人们对萌物的喜爱，往往源于在巨大的现实压力下，对一个"想象的放松空间"的需求，也源于在工作与生活重压下"被治愈"的心理诉求。日本尤其如此。众所周知，日本社会竞争激烈，职场规矩繁杂，人们处处小心翼翼，压力巨大。也正是由于这个原因，日本人才出现菊与刀的两面性。他们有时温柔体贴，有时残暴极端；有时彬彬有礼，有时喧嚣无度。白天，人们在车站彬彬有礼地排队，在公司彬彬有礼地接电话，彬彬有礼地接待客户；而到了晚上，人们喝完一轮再喝一轮，喝到深夜喝到醉，醉酒的人们有的大闹，有的大喊，有的大叫，有的大哭，有的大笑，似乎只有这样才能把白天积累的压力发泄掉。

人们在巨大的现实压力下，特别需要一个想象出来的放松空间。一个公司员工，白天被上司责备，垂头丧气，回家后更愿意把身边的事物（如被子、枕头、家具）想象成美少女，给他带来慰藉；也特别需要动漫、游戏中在美少女在耳边说一声"主人，您辛苦啦！"这种虚拟的存在能够更快速地让人们放松白天紧绷的神经，回归到真实的自我。这种"想象的美好"让日本人有更强的想象力，这种妄想、"意淫"也催生出吉祥物、动漫等多种产业。

特别值得强调的是，上述分析的日本人喜欢萌物的心理构造的几个方面，虽然有一些是日本人特有的，但整体上看，绝大多数都是各国共同的，只是程度不同而已。如日本人喜欢把动物拟人化，而实际上，几乎所有国家，都有大量养宠物的人，在养宠物的人眼里，宠物都是有其特定的性格的，都有一定程度的拟人化倾向，中国也不例外。而关于现实压力的问题，是较有"日本特色"的。因为日本社会中的规矩的确太多太多，正是这些"规矩"的存在，才造就了日本社会的整洁、有序；也正是这些"规矩"的存在，才造就了日本在电器、汽车等精密产品方面的神话。当然，这些规矩也造成日本人的心理压力似乎比其他国家的人要大一些。但随着社会文明程度的提高，"规矩"的增多也是必然的。如以前人们可以随处抽烟，而现在中国不少地方开始在公共场所禁烟。可以预见，在中国，规范人们行为的各种规矩也在增多，人们的竞争压力也会加大，社会对"萌物"的需求也会增加。

此外，日本人还很喜欢"可爱"的事物，尤其对小的、脆弱的、需要他人保护的事物非常关注。据日本学者四方田犬彦考证，日本"可爱"的源流，可以一直追溯到11世纪的《枕草子》，这本日本的经典中指出，凡是细小的东西，都很可爱。日本人对小的事物、可爱的事物的亲切目光，从一千年以前一直到现在丝毫没有改变过。尤其是小东西，让人莫名觉得怀念的东西，不守护它似乎它就很容易受到伤害、脆弱而虚幻的东西，都是日本人所理解的"可爱"的范畴。

二战后，GHQ（驻日盟军总司令）麦克阿瑟曾说："日本人都是十二岁的国民。"日本人对不成熟、孩子气的事物有明显的偏爱，并主动向外界投射自己孩子气的形象，所以日本人往往表现出"幼儿化"的一面。四方田犬彦在《论可爱》中指出，日本人喜欢"未成熟之美"，送花也爱送花蕾。日本人的个体有这样一种自我认知，他们觉得自己像孩子一样柔弱、没有杀伤力，并在日常的人际交往中表现出来，以此消除他人的戒备心。这样一来，人们都彼此分享这种幼稚，就成为一个统一的集团。①

也有报道指出，日本男性单身比例很高，而其中不少人在现实世界虽然是单身，但他们自己认为一直在甜蜜地"恋爱着"，他们恋爱的对象不是现实中的女性，而是游戏或动漫中的虚拟形象。有的宅男的恋爱对象是恋爱游戏"爱相随"（Love Plus）里的虚拟人物；有的上班族常年独自一人生活，每天早晨起来对着游戏中的女友说"早上好"，晚上睡觉前对着游戏中的女友说"晚安"。这些沉迷虚拟恋爱的宅男们，在日本十分普遍。自2009年推出"爱相随"游戏以来，"爱相随"的历代游戏在日本已合计出售近50万份，号称"国民游戏"，"爱相随"恋爱甚至已成为日本一个显著的社会现象。尽管游戏的技术含量不高，玩家只需设置NDS时间，就可以在任何情况下打开主机，随着时间的变化在不同的场景下和心爱的女孩子一起生活、交流；尽管"虚拟女友"只能和她的男朋友说说话，在游戏里牵牵手，但日本数以万计的宅男却为这款游戏疯狂。日本2015年版《少子化社会对策白皮书》显示，37.6%的未婚单身受访者"不想谈恋爱"，约5成至今未谈恋爱的男女表示"谈恋爱很麻烦"。

在其他的国家，只有孩子看漫画，他们长大就不看了，在日本，漫画适合任何年龄段的人阅读；而虚拟恋爱，似乎也是日本

---

① 四方田犬彦：《论可爱》，山东人民出版社，2011年版。

流行的独特现象——宅男们似乎希望永远停留在中学时代，他们很享受这种逃离现实而隐居到虚拟世界的生活。①

在我们的印象中，日本人的生活节奏很快，尤其是其经济快速成长时期，出现大量的"过劳死"案例，引发全球关注。在某些方面，中国正在经历日本曾经走过的路，有一定的相似性。比如，20世纪60年代，日本经济高速增长，人们收入快速增长，生活改善。在这个时期，日本举办了奥运会，在很多地方开始修建新干线，并于1970年举办世博会。2000－2010年间的中国，与上述时期的日本有相似性：经济高速增长，人们生活水平得到改善，中国开始在全国很多地区修建高铁，举办了奥运会和世博会。从这个角度看，中国在某些方面与40年前的日本有一定相似性。这里要特别强调，这不是想说中国在走日本走过的路，也不是在证明中国比日本发展晚40年，而是说，在经济社会发展过程中，有一些相似的规律。经济发展到某个阶段，社会就会相应地出现特定的现象。日本曾经出现的"过劳死"现象，前几年在中国的一些IT公司和创意类企业频繁出现。日本社会出现的"宅男"现象，现在在中国正在逐渐显现。一些人只生活在自己的空间中，不与他人进行交流，十分需要在虚拟的游戏、动漫中寻找慰藉。社会环境造成急躁、愤怒、忧虑的国民情绪比较普遍。这些社会情绪需要解压阀和出口。快节奏的生活让一些人在工作中"压力山大"，却没有情绪的出口，只能寻找"萌物"。

动漫、萌物等各类二次元文化的表现，早已不是日本的"特产"，已经在全世界范围内对人们的行为和审美产生深刻影响。上述"幼稚化""拟人化""想象的放松空间"等心理特征，也随

---

① 天乐：《一代日本宅男半数"单身恋爱"》，《广州日报》，2015年9月20日。

着二次元文化开始在日本以外的国家扎根。曾经，日本通过家电、汽车等高科技制造业让自己立于世界强国之林；而今，动漫和吉祥物所体现的日本文化和日本人的心理，正在全世界蔓延，并将在 21 世纪的历史上留下痕迹。

除此之外，人类都有哺育幼儿的天性，这关系到人类自身的繁衍。看上去可爱、弱小、需要被呵护的"萌物"，是每个人都希望接近的。同时，在现代社会中，人们要顾及周围目光和自身身份，需要戴着"面具"。在这种背景下，人们尤其对真诚、不设防、天真的"萌物"充满兴趣。

第三章

动物萌力量

很多动物，被看作是人类的朋友。人们看到小狗、小猫，往往会爱心大发，想去亲近它、呵护它、保护它。最近几年，中国一些地方出现的"虐猫"事件，曾一度引起舆论的强烈反弹。一些地方吃狗肉的习惯，也一度被推到风口浪尖，一些动物爱心人士甚至掏钱把即将被吃掉的狗买下并带走。

日本是一个萌力量大国，他们特别善于利用人们对动物的这种情感，通过动物进行宣传和传播。他们会让猫当一个车站的"站长"，让狗当一个城市的"市长"，用这种特殊的代言方式，吸引眼球。很多组织或机构的吉祥物都是以动物为原型的，如人们熟悉的熊本县吉祥物"熊本熊"。

日本人习惯通过动物开展萌力量宣传，必然有其原因。在这里，本书简要考察日本人的动物情怀，并介绍通过动物展现萌力量的典型案例。

日本人的动物情怀

日本宫城县白石市西北部有一所狐狸爱好者的乐园——宫城藏王狐狸村。这里生活着一百多只狐狸。这些狐狸丝毫不害怕人类，常有游客来这里游玩。在狐狸村不仅可以看到可爱的狐狸，也可以摸一摸它们，甚至给它们喂食。这个狐狸村成为日本著名电影《子狐物语》的拍摄地，更是增加了其人气。日本著名电视节目《天才！志村动物园》也曾到这里拍摄。狐狸村开通了网站，更新饲养员的博客，还有英文介绍，门票为1000日元（约合50元人民币）。

除狐狸爱好者的乐园外，日本还有一个"猫岛"，曾经一度受到媒体的广泛关注。所谓"猫岛"，是日本爱媛县大洲市长浜町的一座近海小岛，其居民只有十几人，但猫的数量超过100只。由于较少受到限制，这些可爱的小家伙们每日悠闲自得，这里变成了猫儿的乐园、爱猫者的天堂。

猫是日本最常见的动物，也是最受欢迎的宠物之一。日本一些商店、车站通过动物吸引关注，各类动物中，猫最多，最著名的例子——和歌山的小玉站长，就是一只猫。日本人爱猫是出了名的，小巷里、大路旁、校园里、课堂上都能看到猫的身影，"招财猫"随处可见。通常，招手猫举右手是表示能招财富，举左手是表示能招客人。东京台东区的"今户神社"，拜殿前就有两只招财猫。院内出售两只招财猫联结在一起的"结缘猫"，有斑的是男神，纯白的是女神，表达人们期待"喜结良缘"的愿望。

在日本各个村町都市街头，猫无处不在，不但无人驱赶，还不时有人喂食，拍照。有的街区会专门辟出一地供猫就餐。在日本人眼里，猫代表着温柔、顺从、吉祥、娇小、可爱等意思，猫给人带来一种安静、优美、敏感、细腻而又骄傲的情感共鸣，是日本人精神美学当中极为重要的一部分。一些小说、漫画都会以猫为原型，夏目漱石的《吾辈是猫》，从猫的角度来看世界。还有漫画，比如"机器猫"。此外，猫形的装饰品、生活用品上都会看到各种的猫形象，如"Hollo kitty"。每年2月22日还被定为日本的"猫咪之日"。

每年 2 月 22 日，日本"猫咪之日"的系列活动受到广泛关注。在日语中，数字"二"的发音有些近似于猫咪的叫声，因此自 1987 年起，2 月 22 日这天在日本被称作"猫咪之日"。每年的这一天，日本都会举行各种各样关于猫的活动。不光日本有猫咪之日，俄罗斯的猫日是 3 月 1 日，美国是 10 月 29 日，国际猫日则为 8 月 8 日。

日本出现大量"猫星"，除走红一时的"猫站长"小玉之外，还有"愤怒猫"小雪，而快乐的"猫叔"不仅在日本有很多粉丝，在中国也有不少人喜欢它。除了这些现实中存在的猫咪外，还有很多虚拟猫咪形象。大家最耳熟能详的莫过于机器猫，动画片《哆啦A梦》中的机器猫成为深受大家喜欢的动漫形象。日本的一档电视节目《田势康弘的周刊新闻新书》中，会有一只猫咪在节目中走来走去，成为这档节目的特色之一。

日本人爱猫，首先体现在养猫数量上。据日本宠物食品协会的调查，2015 年 10 月，日本全国养猫数量约为 987.4 万只。日本家庭数量为 5536 万户，也就是说，大约每 10 户人家就会养一只猫。

日本人对猫的喜欢，有时候接近宗教信仰。比如很多日本人觉得，上述的"猫叔"能够给人"禅宗"般安静的感觉。甚至不少地方还有猫的寺庙，如京都的称念寺、熊本县的生善寺、东京的自性院等，山形县还有猫宫神社。每个寺庙和神社背后都有一段关于猫咪的感人传说。现在，每年 10 月在东京神乐坂都会举行"化猫会"，折射出日本人对猫咪的迷信心理。

一些相关协会在猫文化的推广、普及方面发挥了重要作用。1987 年，日本宠物食品协会发起设定"猫咪之日"，主要的目的是"感谢与猫一起生活的幸福，与猫一起分享这种喜悦"。日本宠物食品协会最早成立于1969年，当时名为"宠物狗食品工业会"，是几家宠物狗食品开发与生产企业联合成立的，1975年更名为日本宠物食品工业会，2009年更名为日本宠物食品协会。早年，这个协会主要为宠物食品企业服务，后来更加积极地主导日本宠物产业市场的振兴与发展。近年来，日本宠物食品协会每年发布日本养猫、养狗的相关调查数据，推动设立宠物营养管理师的认定制度。可见，"猫咪之日"设立的背后，就有日本宠物产业界的身影。

一些猫咪相关的博物馆，则记录着日本人爱猫的历史。在爱知县，还有一个招财猫博物馆。这个博物馆由日本招财猫俱乐部于1993年设立，常设展览包括招财猫的历史、招财猫相关神社、全国各地的招财猫藏品和珍品等。设立这个博物馆的日本招财猫俱乐部成立于1993年，它还把每年的9月29日定为"招财猫日"，开展招财猫相关的一系列纪念、推广活动。招财猫反映了猫的"财源"和"情缘"，这正是日本人喜欢猫的重要原因。

近年来盛行的猫咪咖啡厅让人感到"治愈"。这种咖啡厅中养有几只或十几只猫咪，客人在这里一边品尝咖啡，一边享受与猫咪共处的时光，缓解工作的压力，接受猫咪的"治愈"。有的咖啡店考虑到卫生问题，把与猫接触的空间和品尝咖啡的空间进行区隔，而有的咖啡店则没有区分。客人男女老少都有，大都是因各种原因无法养猫的爱猫人士。但由于猫是夜行动物，白天让猫咪在咖啡店"接客"，有违猫咪的习性，因此也有不少爱猫人士反对。

日本人爱猫，源于猫咪的"治愈"效果，源于猫咪的"财源""情缘"，也源于日本人对猫咪的"迷信"。

狗则是日本人喜爱的另一种动物，东京涩谷车站树立有忠犬八公雕像，忠犬八公的故事在日本人尽皆知，是发生在日本的真实故事。一位大学教授收养了一只小秋田犬，取名"八公"。之后的每天，八公早上将教授送到车站，傍晚等待教授一起回家。不幸的是，教授因病辞世，再也没有回到车站，然而八公在之后的9年时间里依然每天按时在车站等待，直到最后死去。狗的忠诚、忍耐，感动着一代又一代的日本人。2009年，著名导演莱塞·霍尔斯道姆把这个故事拍成电影《忠犬八公的故事》，在全球多个国家热映。

东京涩谷车站外的"忠犬八公"像

2013年，日本催泪电影《向日葵与幼犬的7天》上映，这是一部以狗为素材的电影，在宠物不断被遗弃、被杀害的今天，受到广泛关注。故事发生在动物管理所，一只名叫向日葵的母狗7天后即将被杀，为了保护3只幼犬，狗妈妈对人类异常凶猛。狗妈妈保护孩子的母爱打动了管理所职员，随即展开一段感人至深的故事。松竹电影会社向来有拍摄小狗电影的习惯，从风靡亚洲的《导盲犬小Q》到《我和狗狗的十个约定》，观众们总能被人与小狗之间的动人情感所打动，也体现了日本人的动物

《向日葵与幼犬的7天》

情结。

  日本人很注意保护各种动物，与它们和谐相处。路旁会立着画有动物的牌子，提醒人们注意野生动物。动物过马路，汽车就会放慢速度。在奈良的东大寺有很多鹿，有时会大摇大摆地走在马路上，人们只好开车跟在后面，为了不使它们受惊，没人按喇叭。有的地方还有专为野生动物修建的过道。

  日本居民有时会受到一些野生动物的侵袭，经常出现熊、野猪等野生动物袭击居民的报道。在关西的一些地区，经常有山猴跑到住户家里来偷吃东西，日本政府为此也在想各种对策，能够既不杀动物又保证人的安全，人与动物和谐地生存。

  之前有从东京湾溯流而上的一只海豹，在市区的一条河里安了家，成了当时的新闻，人们爱称它为"阿玉"。此地竟成了旅游景点。当地还专门成立了海豹联络会，定期召开例会，汇报海豹的行踪。为了不使海豹受到惊吓，有关部门贴出告示，要求人们在海豹睡觉时不要下河，还建议取消在河边放焰火的传统习俗。

  在这样一个具有爱护动物传统的社会里，日本人一直重视与动物的和谐共存。日本人的动物情结给动物一定的生存空间，同时也让人们的心灵得到慰藉。正如出田惠三导演在《日本列岛生物物语》中所讲："它们都不说话，每日的生活中，当你感受着微风，或仰望着天空的时候，希望你也能想到它们，它们是和我们一起生活，在这列岛上的无可替代的伙伴。"

第三章　动物萌力量

2015 年 12 月 28 日在大阪举行的"干支交接仪式"①

其实，我们的生活与动物有千丝万缕的联系，比如十二生肖。在受中华文化影响深刻的东亚各国，每个人都有个属相，日本也不例外。2015 年 12 月 28 日，大阪通天阁举行干支交接仪式，一只 10 个月的公羊让位给一只 4 岁的公猴，标志着羊年过去，猴年到来。历史上，日本也曾与中国用同样的农历，但现在日本已经不过春节，阳历元旦就是他们的"大年"，他们认为从元旦这天进入猴年。

日本人也曾爱吃狗肉

近来，中国一些地区的"狗肉节"再次引发人们对"食用狗肉"的争论，日本媒体也给予了关注。当前，日本社会没有吃狗肉的习俗，在被问及对吃狗肉的看法时，普通日本人通常会表现出对狗的同情与心疼，表现出较浓的"爱狗"情结。其实，在日

---

① 图片来源：每日新闻网站，http://mainichi.jp/articles/20151228/k00/00e/040/110000c。

55

本历史上，有过食狗肉的习惯，经历长期的演变，才逐渐形成不食狗肉的文化。

当前，在中国、越南、朝鲜、韩国的一些地区，有食狗肉的习俗，爱食狗肉的人认为，狗肉味道鲜美、营养价值和药用价值都很高。在古代日本，也有食狗肉的习俗。1990年，日本出土的狗骨证明，早在3000年前的绳文时代，日本人就把狗解体并食用。在2400年前的弥生时代，日本人食用狗肉已经十分普遍。一般认为，这个时期从中国大陆来到日本列岛的"渡来人"为日本人带来了食用狗肉的文化。公元675年，日本天武天皇发布肉食禁止令，在特定阶段，禁止食用幼鱼和五畜的肉。此处的"五畜"包括牛、马、狗、日本猿、鸡，从这个禁令可见当时日本社会已经有食用狗肉的文化了。

公元15世纪前后，日本无论武士阶层，还是普通民众，都爱吃狗肉。当时，日本武士间有一种叫作"犬追物"的骑射运动非常流行，即骑在奔跑的马上箭射奔跑的狗，骑射手以组为单位，在约40米的范围中围射奔犬，锻炼武士的进攻能力。供武士骑射的狗，除了专门养殖的狗之外，多数狗都是从市井百姓的家犬中征集来的。有史料记载，当时的武士在"犬追物"中把狗射杀后，便聚集在武士宿舍内享用狗肉的美味。也是在15世纪，葡萄牙天主教传教士路易斯·弗洛伊斯曾留下"日本人爱吃狗、鸡、猩猩、猫、海藻"的记录，也可以证明当时的日本人有吃狗肉的习惯。这个时期，日本南部的鹿儿岛出现一种较为罕见的食用狗肉的方式，就是把狗的腹部切开，除去内脏后往其腹部加入大米，然后放入火中烤制，史料记载"其味甚美"。

17世纪，日本进入江户时代，武士阶级禁止食用狗肉。但据记载，当时日本街巷几乎见不到狗，人们认为狗肉是最鲜美的食物,把大街小巷的狗都给吃光了。也就是在这个时候,江户幕府第五代将军德川纲吉发布"生类怜令",该法令是一部禁止杀生的法令,也是日本人食用狗肉文化衰退的开始。这个法令其实不只是针对狗,还包括猫、鸟、鱼类、贝类、虫类以及人类的幼儿和老人。

19世纪明治维新以后,受西方文化影响,日本对各类食肉行为的禁忌得到解放,同时,狗作为一种宠物的文化也在日本逐渐普及。加之"忠犬八公"等感人故事的广泛传播,日本人吃狗肉的行为非常罕见。只是,在二战期间和二战后粮食紧缺时期,还是出现了少量的吃狗肉的行为。

现在,在日本吃狗肉的行为很少,普通日本人对吃狗肉持消极态度,但吃狗肉本身并不违法。每年还会有冷冻狗肉进口到日本,主要流向韩国料理店。当前,狗更多地是被当作"人类的好朋友",说起狗,人们就想起忠犬八公、想起宠物,很少有人联想到狗肉。

日本人爱吃鲸鱼肉

近年来,日本捕鲸广受关注,日本捕鲸船还经常与动物保护组织发生冲突,捕鲸也成为日本备受国际社会质疑的行为之一。日本打着"科研"的名义开展的捕鲸活动背后,实际是日本的"鲸鱼食文化"。

多年来,虽然遭到多个国家的反对,但日本坚持捕鲸。日本捕鲸有两大幌子,一个是"传统文化",一个是"科研调查"。据日本历史资料显示,《万叶集》中就有关于捕鲸的记载。在日本历史上,鲸鱼带有一定的神格色彩,日本很多地方有鲸鱼的纪念碑,表达民众对鲸鱼的感谢和追悼。神奈川县现存1834年建成的

"鲸冢"；大分县有 1870 年前后建成的"鲸墓"；宫崎县有"鲸魂碑"；爱媛县有 1910 年建立的"鲸供养塔"；东京还有"鲸神社"；岩手县则有"鲸观音"。这些纪念设施，都是为了表达对鲸鱼的感谢之情。

此外，日本还保留着一些关于鲸鱼的民歌、舞蹈和民间庆祝活动。所以不少日本人认为捕鲸文化是日本"传统文化"的重要组成部分，外界反对日本捕鲸就是干涉了日本"传统文化"的传承。

日本捕鲸的另一个幌子就是"科研调查"。1986 年起世界绝大多数国家都禁止商业捕鲸，日本的捕鲸活动也开始在"调查捕鲸"的幌子下开展。日本调查捕鲸的主体是财团法人日本鲸类研究所，日本政府将调查捕鲸的特别许可证发给了它。实际上，调查捕鲸活动又层层委托，最终实施的是一些小型捕鲸业者，与之前的商业捕鲸并无太大区别。调查捕鲸的调查经费主要靠销售鲸鱼肉的收益来支付。很明显，"科研调查"只不过是日本捕鲸食用的幌子而已。2014 年 3 月 31 日，国际法院的裁决指出，日本目前的捕鲸活动"并非科学研究活动"，这是日本败诉的根本原因。

嘴馋，满足欲望无穷的味蕾，才是日本捕鲸的根本动力。日本人食用鲸鱼肉的历史可谓"悠久"。据日本史料记载，早在公元 712 年（也就是中国唐朝时期），日本神武天皇就接受过上供的鲸鱼肉。1832 年，日本还出现了名为《鲸肉调味方》的出版物，这本书用插图的方式介绍了鲸鱼 70 多个部位的烹饪方法，其中包含了烤肉、火锅、油炸等烹饪方法。

二战战败后，日本粮食极为匮乏。当时，日本出现了以鲸鱼肉代替牛肉的"鲸肉排"、咖喱鲸肉等料理，鲸鱼肉成为补充牛肉、猪肉缺口的重要食品。随着日本经济发展和民众生活水平的提高，鲸鱼肉逐渐成为廉价肉的代名词，1958 年鲸鱼肉产量达 13.8 万吨，1962 年更是达到 22.6 万吨。

如今，鲸鱼肉依然是日本人餐桌上重要的食材，被视为日本人食品中蛋白质的重要来源。2014 年 3 月 31 日日本败诉后，日本农林水产大臣林芳正坦言："我每月都要吃几次鲸鱼料理，鲸鱼与其他的水产资源一样，是重要的食物资源。"日本有不少餐馆供应鲸鱼肉，很多超市也有鲸鱼肉罐头等商品出售。

可见，科学调查和传统文化，只是日本捕鲸的幌子。日本人吃鲸鱼肉，还通过"鲸冢"等方式开展对鲸鱼的感谢和崇拜。

这就是日本人对动物的复杂感情。他们不止对鲸鱼如此，其实对几乎所有食物都有类似的感情。如日本人饭前通常要说："いただきます"，中文通常翻译为"我开动了"。其实这句日语原本的意思包含人们对食物、对大自然的感谢。人们在吃鱼之前，会合掌对被吃的鱼儿表示感谢，对其他食物，也是如此。

动物萌力量

上面介绍了日本人对动物的两种复杂感情，一种是对动物的亲近感，另一种是从鲸鱼等动物身上摄取美味的欲望。整体上看，当前的日本人更善于表现他们对动物的亲近感，并通过这种对动物的亲近感开展宣传推广活动。这里对此类"动物萌力量"进行简要的梳理。

2015 年，日本一只卖烟防火两不误的"神犬"迅速走红。这只"神犬"从小就在铃木商店协助卖烟，它能用鼻子和前肢灵活地将玻璃拉门打开迎接客人。游客拍摄的视频在网络得到很高的点击量，网友评论称"太萌了"。这只狗还肩负起了当地的火灾预防工作。消防部门为它特制了黄色宣传"警衣",上面醒目写着"当心火灾,汪"。它每天身着"警衣"看店或是散步,以提高人们的消防意识。当地消防部门还向它颁发了感谢状,并赠予它最喜爱的食物黄瓜作为奖励。

日本各类机构利用日本人喜欢各种小动物的心理,用动物开展"萌宣传"。

首先,不少车站都通过动物开展宣传,任命动物为"站长"。在日本和歌山县纪之川市,贵志川铁路线的贵志站有一名头戴和歌山电气铁路公司制服帽的花猫"站长"小玉。铁路公司聘请阿玉担任"站长",小玉和贵志站从此一炮而红。

除猫之外,猴子、狗、山羊、兔子、乌龟、龙虾、企鹅,都成为"站长"。日本北条町一个车站的站长是两只猴子;日本北部的青森县站站长是一只秋田犬;西山形县站、福冈的香椎线车站站长都是山羊;爱媛县的火车站选择兔子担任站长;鹿儿岛县任命了一只非洲龟当站长;德岛县任命龙虾担当站长;志摩市近铁贤岛站的站长则是一只企鹅。

除车站外,一些列车的动物主题元素也很受欢迎。日本铁路JR旭山动物园号,是一辆从旭山开往札幌的特快列车,共有五节车厢,车内装饰以卡通动物为主。第一节车厢是北极熊元素,第二节至第四节分别是狼、熊和猩猩,而第五节车厢则是企鹅。

一些大公司也经常举办动物相关的公关活动。2014 年 11 月,日本佳能举办了一场别开生面的"蠢萌小猫大赛",吸引了日本全国"猫爸""猫妈"齐携各自的"萌猫"参加。获得特等奖的小猫的主人将得到价值 10 万日元的免费旅游机会。

日本人喜欢小动物,通过动物开展的卖萌宣传可谓种类繁多、丰富多彩。通过动物卖萌开展的宣传活动,成为日本"萌力量"的重要组成部分。

一些餐饮店以一些动物为卖点,吸引消费者前来。在东京繁华的涩谷站旁边,有一家叫作"樱丘 CAFE"的咖啡店,这家店负责迎宾的是名为"巧克力"和"小樱"的两只山羊。在店门前的小屋中

"樱丘 CAFE"网站首页截图

悠然自得的山羊们被称为"涉谷羊",现在已经成为街区的吉祥物。山羊冷艳高贵的姿态超级萌,路人们向两只山羊打招呼的情景也温暖人心。两只羊吸引了媒体和消费者的广泛关注,成为该店的重要卖点。

同样是年轻人的天堂,东京原宿车站附近有一家以兔子为主题的咖啡

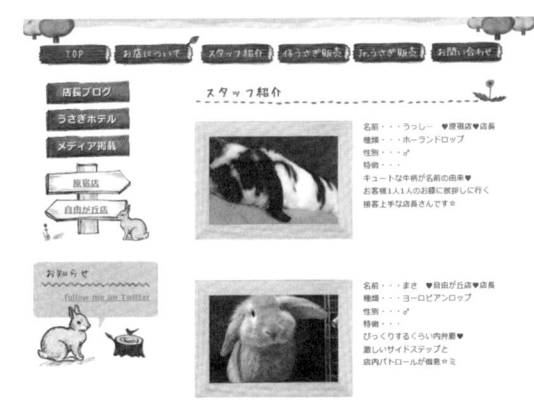

兔子主题咖啡厅网页截图

厅"Ra.a.g.f 原宿店",除原宿外,在自由之丘还有一家分店。咖啡厅开在某公寓的一个房间里,客人可以在如自家房间般舒适的空间里和小兔子玩。好奇心旺盛又不怕人的兔子会自己大步大

步地靠近客人。这里也是兼营销售的，要是实在不愿和它分开的话，可以当场带回家作宠物。在其网站上，点开"工作人员"一栏，发现其所谓"工作人员"全都是兔子（见上页图）。24 只兔子分别都有照片、姓名、种类、性别、特征等介绍。如对"店长"的介绍："姓名：USSHI，原宿店店长。种类：荷兰垂耳兔。性别：雄。特征：身上有萌萌的奶牛花纹，会到每个顾客面前打招呼，擅长接客的店长。"

还有一些经营者让动物来"打工"，其实也是制造卖点。日本宇都宫市的一家酒馆特殊的服务生是一只猴子，这只猴子服务生既会递毛巾又会表演节目。经外国媒体报道后，这家酒馆每天都接待大量慕名而来的游客。这只猴子名叫阿福，身穿和店主一样的黑白相间的工作服，每次店主大塚熏只要喊"阿福，毛巾"，它的眼睛就会闪闪发光，然后迈着小碎步

阿福在店内"工作"

跑到冰箱前，熟练地拿出毛巾，递给客人。阿福除了会端啤酒、收拾桌子，还能表演日本特有技艺等 50 多种节目。不少食客拍摄了视频上传到 YouTube 等网站，得到广泛传播。通过这些视频可以发现，其实阿福更多的时候是在店内玩耍，有时顾客让其过来握手，它也会前来配合，偶尔才会出现帮递毛巾等举动。但这个小猴子，让很多食客大呼"可爱"，心灵得到"治愈"。

位于日本枥木县那须町一家酒店的经营者邀请羊驼等当地动

物园的"大明星"来酒店"打工",与酒店工作人员一起负责接待旅客。

2013年12月,该酒店举办了明星动物的入职仪式,酒店负责人向动物园的羊驼、鹦鹉和被称为"世界最大家兔"的巨型花明兔颁发了任职书。入住酒店的客人们可以在酒店与这些"明星"们实时互动。

被任命为"迎宾员"的羊驼敬业地站在大厅迎接各位客人;"能说会道"的鹦鹉负责与前台的漂亮小姐们一起接待客人;体重7公斤的大胖兔子成了酒店的美食鉴赏家,它专职负责卖萌,从孩子们那里"骗取"它爱吃的胡萝卜。每个礼拜的周一和周五,还有元旦期间,动物"大明星"将"披挂上阵"站在酒店接待来自世界各地的客人们。

这类通过动物制造卖点的店铺,在日本数不胜数:东京神乐坂的一家咖啡店有一只猫,吸引很多爱猫者前来;东京江古田一家名为"赤茄子"的居酒屋中,有三只可爱的小猫,会性格温顺地与顾客玩耍;东京新桥的宜家家庭料理店中,有很多只猫,很多食客觉得这些小猫让他们一天的辛苦烟消云散;东京浅草地区也有一家以猫为主题的咖啡厅,9只小猫都有各自的名字,性格迥异,十分可爱。

日本"动物官员"的宣传奇效

2015年6月28日,一只猫的葬礼引发日本全国关注。3000多人到葬礼现场,《朝日新闻》等日本主流媒体纷纷给予关注。如6月28日《朝日新闻》的报道引用小岛光信社长的话指出,"小玉是地方铁路的救世主,让人觉得是神降临到人世间。与小玉相识9年了,能与她一起工作,感到十分骄傲。"在葬礼上,小玉被任命为"名誉永久站长"。小岛光信社长在讲话中，希望小玉能作为"小玉大明神"，继续保护和歌山电铁，保护全世界的区域公共交通。①

另一家媒体 THE PAGE 的报道介绍说，小玉站长去世时 16 岁，换算成人类年龄的话相当于 80 岁。小岛光信社长在小玉葬礼上说，他于此前的 22 日曾到医院探望小玉站长，站长看到小岛社长后，伸出双手，极力地想让社长抱它。另外，再过一年，就是小玉的十周年，社长跟小玉说："明年就是十周年了，我们一起庆祝吧。"小玉用一声很响亮的"喵"进行了回答。社长解释说，"我以为小玉一定会实现这个约定的。但十分遗憾。"

葬礼现场（图片来源：和歌山电铁株式会社网站）

2015 年 6 月 25 日，小玉站长推特上的一篇博文被转发两万多次，内容如下："感谢大家的关注。我于大前天坐上了开往天堂的列车，到达之后我跟大家联系呀～"笔者查找相关资料的 2015 年 8 月，小玉站长的推特依然在保持更新，其粉丝数超过 5.4 万，这在推特平台是一个相当高的数字。

这是一只怎样的猫呢？

这只猫，曾经进入过法国纪录片，也曾接受过美国 CNN 的

---

① http：//www.asahi.com/articles/ASH6X4PZZH6XPXLB00J.html。

采访,不只是在日本,在全球都有很高的知名度。这只猫,吸引了大量的海外游客,香港、台湾的旅游书籍对其都进行过介绍。这只猫,主要是宣传和歌山电铁,2014年为和歌山电

民众在小玉站长遗像前献花
(图片来源:和歌山电铁株式会社网站)

铁带来227万乘客。小玉去世后,中国的微博上,也出现了"谢谢小玉""小玉再见"的帖子。

她就是日本和歌山电铁贵志川线贵志站的站长小玉。

猫做站长?没错。小玉生于1999年4月,于2007年1月就任贵志站的站长一职,主要职责为招揽游客,实行终身雇佣制,年薪为一年猫粮。

2008年1月,由于小玉带动了游客人数增长,升任"超级站长"。

2008年10月,和歌山县知事为小玉授"和歌山县勋公爵"称号。

2012年7月,由于其极高的知名度,出演美国family生命保险的电视广告片。

2013年1月,出任和歌山电铁的代理社长。

2015年5月19日,因鼻炎住院,一直未能回到工作岗位,于6月22日因急性心功能不全去世,16岁(相当于人类的80岁)。

小玉站长的死讯不仅让很多日本人陷入悲痛中，小玉的"同行"也表示哀悼。据朝日新闻网报道，滋贺县湖南市虚拟都市杏子市长于2015年6月26日通过博客对小玉的去世表示哀悼，并在6月25日发去唁电。湖南市的猫市长，其实主要是为了对湖南市的旅游资源进行宣传，也是"动物官员"做宣传的一个例子。

2011年，"こにゃん市"（湖南市的谐音）选出首任猫市长。所谓的"こにゃん市"，完全是根据湖南市的谐音假想出来的，这个猫市长，其实主要是为了对湖南市的旅游资源进行宣传。在首任猫市长当选时，小玉站长就给杏子市长发来贺电，贺电说："我们一起努力振兴旅游事业，借助猫的力量，让区域发展更加充满活力吧～"同样是2011年，湖南市的JR甲西站开业30周年庆典也邀请了小玉站长，但小玉终因年事过高，未能出席。杏子是"こにゃん市"的第五任猫市长。

人们也许会好奇，为什么会让一只猫来做站长呢？

2003年，贵志川线的经营非常困难，连年赤字，即将被关闭，后因成立和歌山电铁，才勉强继续运营。在翻新车站时，旁边的猫舍被毁。2006年4月1日，和歌山电铁开业典礼结束后，猫舍主人找到小岛光信社长，希望猫住进车站。小岛社长家里常年养的是纪州犬，所以他自身更喜欢狗。但当他看到小玉的眼神的时候，脑子里突然浮现了小玉当站长的图景。他希望小玉成为车站的"招财猫"，所以就于2007年1月任命小玉为车站站长。任命猫做车站站长，这在日本民营铁道公司中还是首次。除了小玉被任命为站长之外，还有另外两只猫被任命为助手，其中一只是小玉的母亲，于2009年去世。

小玉每周周一到周六上班，节假日也不休息，有时还要出差去参加其他车站的一些庆祝活动。

小玉站长的工作是宣传，所以铁路运营方千方百计借助小玉制造话题、招揽游客。如小玉双脚并排时，前脚形成"心形"，人们认为看到它的"心形脚"就能幸福，这在日本形成很广泛的话题。2008年4月，以小玉站长为原型，推出了吉祥物"超级站长小玉"。这个吉祥物被制作成玩偶、印刷品、食品、文具等周边产品出售，还被印在铁路的车身上，

机器猫被任命为"一日站长"

开通"超级站长小玉号电车"，现在依然在运行。2009年，小玉自行车推出；2010年，观光巴士——"小玉巴士"开通，吸引了大量游客。贵志站车站重建时，车站建筑被设计成猫脸的造型。

2011年3月，作为"名猫"，同为"猫族"的机器猫来到贵志站，被任命为"一日站长"，于3月3日这一天亲临贵志站，对小玉站长进行了鼓励，吸引了很多媒体报道，也吸引了大量游客。

小玉带来的"猫站长"旋风为当地吸引了很多游客。在小玉任站长之前，贵志站每天的乘客人数仅为700人左右，小玉任站长之后的2007年1月，乘客人数陡增17%，到2007年5月黄金周，乘客更是比前一年同比增长40%。据关西大学教授宫本胜浩的研究，小玉就任站长一年间，考虑其为和歌山县带来的游客增长等因素，小玉对经济的综合效应可达11亿日元。

小玉给当地带来效益，它自己也出名了。2007年9月，小玉

站长的写真集正式出版，2008年和2009年又相继出版第二部和第三部写真集。法国纪录片《寻猫》也专门前来拍摄小玉，提升了小玉在全球的知名度。此外，小玉还出版了DVD，满足小玉粉丝的需求。小玉还登上了漫画、电影、广告、纪录片等，其知名度之高可见一斑。

以小玉站长为原型的点心
（图片来源：和歌山电铁株式会社网站）

出版物《小玉站长》封面
（图片来源：和歌山电铁株式会社网站）

以小玉命名的车体（图片来源：和歌山电铁株式会社网站）

小玉站长吉祥物出席正式活动的场景

（图片来源：和歌山电铁株式会社网站）

细数那些"动物站长"们

日本人爱动物，尤其爱通过动物开展宣传活动，效果不凡。仅是铁路公司把动物任命为站长的，就数不胜数。如会津铁道芦之牧温泉站的名誉站长也是一只猫，2008年，这只猫的任命仪式上，小玉站长还发来了贺电。广岛县的可部线安野站的站长也是一只猫。2010年，兵库县的北条铁道北条町站任命两只猴子为站长。

1. 小猫站长"巴士"

会津铁道芦之牧温泉站位于福岛县，芦之牧温泉站是一个小站，日均乘客人数约为 100 人左右。2008 年 4 月 24 日，该站任命一只名为"巴士"的雌性猫为名誉站长。这只猫自 2000 年以来一直住在车站，被任命为名誉站长时，和歌山电铁的小玉站长还发来贺电。猫站长上任之后，芦之牧温泉站的乘客人数迅速增加，增幅达 50%，巴士站长获得会津铁道社长的表彰。此外，据《读卖新闻》的报道，2010 年 3 月 4 日，巴士站长受到日本总务大臣表彰，受表彰的原因是 2009 年夏季众议院选举活动中，巴士站长的公共关系活动提升了当地的投票率，使投票率比前一次增长 2.44%。

会津铁道还特别善于利用猫站长开展信息传播。公司主页专门有《猫站长"巴士"日记》专栏，以巴士这只猫的口吻，记录铁路公司的各种活动，如游客参观、当地小吃、吉祥物活动等。

如 2008 年 11 月 16 日，《朝日新闻》对巴士站长进行了详细报道，介绍了巴士站长受欢迎的盛况，同时指出，巴士是一只"流浪猫"，"一整天都只是在接待室的坐垫上睡觉"。报道的次日，也就是 11 月 17 日，会津铁道以巴士站长的名义发文进行"反驳"，认为"采访不充分"，指出"流浪猫的提法太失礼，你们人类会从车站回去，而我辈（仿照夏目漱石《我辈是猫》的口吻）的住址就是芦之牧温泉站，是有家的"。芦之牧温泉站站长大竹加良子也"反驳"说："巴士并不是一整天都在睡觉，她会看谁会给猫食，进行巡逻（应该是）。"该公司总务部也"反驳"说："巴士认真履行名誉站长的职责，会认真送客等，我们原本希望媒体宣传成忠犬八公那样认真工作的形象的。"事件主角巴士也在其博客上说："希望再来采访一次呀～"对此，《朝日新闻》采访人员表示："原本想好好介绍巴士站长的人气盛况的，没想到她在博客上似乎不太高兴。巴士站长，我会再去玩的。"

双方"和解"。①

这个让人会心一笑的"媒体事件"得到广泛传播，一些周刊杂志以《我辈激怒！人气站长，谴责朝日新闻》为标题进行报道，特别吸引眼球。之后，巴士站长变得更受瞩目，

巴士站长（图片来源：会津铁道株式会社主页）

电视旅游节目纷纷进行报道，旅游杂志、宠物杂志、女性杂志、经济类杂志对其的报道增多，当地天气预报也把巴士站长做成节目背景。

2015年12月24日，由于巴士站长年事已高，芦之牧温泉站迎来了新一届猫站长"Love"，就职典礼同日举行。"Love"已经担任一段时间

新上任的"Love"站长

的实习站长，已经一岁零八个月，就职典礼当日它乘坐装饰有圣诞老人的列车登场。

---

① http://www.zakzak.co.jp/top/200811/t2008112138_all.html。

巴士站长于2008年上任,已经17岁,相当于人类的90岁,身体已经大不如前,大多数时间都躺着度过。①

2. 狗狗站长"马龙"

岩手县奥中山高原站曾经的站长是一只狗。这个车站每日平均乘客人数约400人上下,也不是一个大站。2008年6月24日,一只小公狗"马龙"被任命为这个车站的名誉站长。这只狗的主人是车站工作人员,小狗

讲谈社出版的马龙站长写真集

出生45日后就开始跟着主人去车站上班。被任命为名誉站长后,车站方面还专门为马龙准备了站长制服。车站方面还开发了周边产品,并于2008年11月出版了马龙的写真集。与其他动物站长相似,车站方面也推出了以马龙为主题的周边产品,如点心等。

遗憾的是,2009年春季,马龙站长因支气管炎去世。

3. 企鹅站长"志摩酱"

三重县志摩市的贤岛站每天乘客人数约为1000人,是一个不大不小的车站。为了吸引更多游客,车站方面于2009年11月任命一只名为"志摩酱"的雌性企鹅为"特别站长"。志摩酱出生

---

① http://news.qq.com/a/20151225/019537.htm#p=1。

于 2001 年 5 月 4 日，其实是附近海洋馆的一只企鹅，被任命为特别站长后的一年内，共出勤 20 天。

2010 年 11 月 21 日，志摩酱特别站长就任一周年纪念典礼在贤岛车站举行。据《伊势志摩经济新闻》报道，纪念典礼上，和歌山电铁的小玉站长发来贺电，志摩酱获得感谢状和它最喜欢吃的海鱼 220 千克，足够她吃一年的。

2011 年 11 月 20 日，由于志摩酱引发广泛关注，在其任车站特别站长两周年之际又添新职务，它被任命为三重县志摩市"观光特使"，并在贤岛站举行了任命仪式。据《朝日新闻》报道，和歌山电铁的小玉站长也发来贺电说："同为女性站长，让我们为区域发展而努力吧！"仪式当日，志摩酱陪乘客乘坐企鹅号列车，与乘客合影，最后累得头也抬不起来了，但前来参加活动的孩子们还是十分兴奋。

志摩酱在贤岛车站迎接乘客的情景

2012 年 6 月 24 日，志摩酱任期结束，退出特别站长的岗位，于 2014 年 3 月 22 日死亡。

4. 兔子站长

山形县的宫内站于 2010 年 8 月选择让一只兔子担任站长，还有两只兔子成为车站工作人员。

山形县宫内站的兔子站长①

继宫内站的兔子站长之后，2015年6月7日，埼玉县浦和美园站也任命一只兔子作为该站站长，这是日本的第二例"兔子站长"。之所以选择让一只兔子做站长，据说是因为当地的神社流传着兔神的传说。在就任站长时，这只兔子隶属于埼玉县儿童动物自然公园，是一只一岁零四个月的雌性兔子。给这只兔子站长命名时，当地举行了大规模的投票活动，最终确定为"RabbiTama"，其中的"Rabbi"是兔子的英文"Rabbit"的一部分，"Tama"是埼玉的日文发音"Saitama"的一部分。

这只兔子通常每周出勤5天，每天大约工作7个小时，上午从7点到10点，下午从14点到18点半。车站工作人员会带着这只兔子站长在站内进行巡逻，与乘客打招呼。

---

① 图片来源：http://matome.naver.jp/odai/2139825054192050901/2139833608145353303。

第三章 动物萌力量

埼玉县浦和美园站的兔子站长 RabbiTama①

日本的动物站长可谓无奇不有。除了猫、狗、兔子等常见动物外,也有上述的企鹅等在日常生活中不太常见的动物。如兵库县北条町站于 2010 年 10 月 16 日任命两只猴子为站长;德岛县宍喰站甚至还任命两只海虾为站长。

综合来看,日本各地不少车站选择任命动物为站长、名誉站长或特别站长,动物种类既包括猫、狗等人们熟悉的动物,也包括企鹅、海虾、猴子等与人们日常生活有一定距离的动物。既然是动物,就不能像人那样真正履行站长职责。从本质上看,这些动物站长是"代言人"的角色,主要目的是为了制造话题、招徕游客。从"小玉站长"到"巴士站长",大多数动物站长可谓不辱使命,都在很大程度上引发了话题,提高了当地的知名度,吸引了游客。

5. 泡温泉的猴子

日本火山活动频繁,温泉是很多地方吸引游客的法宝。每年冬天,日本不少地方通过猴子来宣传温泉。如 2015 年 12 月,不少中国网络媒体集中关注日本长野县地狱谷野生猴园的猕猴雪天

---

① 图片来源:产经新闻,http://www.sankei.com/photo/daily/expand/150704/dly1507040008-p1.html。

泡温泉的照片。这个公园位于日本长野县的北部,一年之中有三分之一的时间被大雪覆盖,环境恶劣,故得名"地狱谷"。但对猴

地狱谷野生猴园主页截图

子来说,这里是乐园。泡温泉的猴子已经全球闻名,很多游客慕名而来。在伦敦的自然历史博物馆举办的"2014年野生动物摄影师"大赛中,一只雪猴在长野县山之内町的"地狱谷野猴园"边泡温泉边玩iPhone手机的照片获得特等奖。这只猴子身体泡在温泉中,手里拿着iPhone手机,悠然自得。泡温泉的猴子成为这个公园最大的卖点,也成为当地旅游传播的重要抓手。

　　除长野县地狱谷野生猴园外,北海道函馆市热带植物园中的猴子们也很有名气,因为它们也爱泡温泉。这个植物园于1970年建成,1971年建成猴山并引进20只猴子。这些猴子不断繁衍,最多时达130多只,当前大约有80多只。原本,猴子是怕水的。但严冬中暖和的温泉还是吸引了一些猴子。与人一样,有的猴子喜欢泡温泉,有的则不太喜欢。据植物园方面公布的数据,大约有80%的猴子是喜欢泡温泉的。泡温泉的猴子同样成为这个植物园的卖点,英美等很多国家的游客慕名而来,韩国等很多国家的电视台前来采访。

　　动物,是体现萌元素的一个重要载体。上述各类通过动物进行推广宣传的手法,都很巧妙地运用了此种萌元素。接下来一章要介绍的吉祥物,其中有大量动物角色,其实也都是对动物萌元素的延伸运用。

第四章

吉祥物的萌力量

对奥运会、世博会等重大活动举办时的吉祥物，大家都比较熟悉，在此类大型活动举办前夕征集、设计、制作相应的吉祥物，也成为惯例。熊本熊等日本吉祥物在中国走红，让人们更多关注特定区域、特定组织或机构的吉祥物。在中国，一些企业、高校、公安机关等也开始推出各自的吉祥物。

吉祥物概述

当前，吉祥物通常可以被理解为"萌物"，因为很多吉祥物都十分可爱。但实际上，在"萌"这个词普及之前，吉祥物就已经存在很多年。

"吉祥物"中的"吉祥"，可以让我们更好地理解吉祥物在中国的发展。"吉"的意思是善、利；"祥"本指吉凶的征兆，二字合用有幸福、吉利的意思。战国时期开始，吉祥这个词日渐普遍。至唐，成玄英解释为："吉者，福善之事；祥者，嘉庆之征。"此后，吉祥一词便成为福寿吉庆、诸事顺利的祝语，追求吉祥、"好彩头"的观念是构成中国文化的重要部分。中国古人曾想象出龙、凤、麒麟等虚拟形象，并用美术、雕塑等方式对其进行具象化。这些虚拟形象代表的是"吉祥"，是最典型的中国吉祥物。

再广泛一点说，传统文化中带有求吉利、求安宁属性的很多事物，都可看作是吉祥物。也就是说，有吉祥寓意的事物，就可以称作吉祥物。众所周知的和平鸽与橄榄枝，源自古老的创世神话，是全世界人民的吉祥物。风靡海内外的中国结，是我们中华民族的吉祥物。① 这些吉祥物中，既有龙凤等虚拟动物形象，也有鹿、鹤、羊、蟾蜍、鸳鸯、燕、龟等实际存在的动物；既有椿树、松树、槐树、梧桐等参天大树类，也有水仙、萱草、月季等花花草草类，更有石榴、桃子、红豆等果实类；既有元宝、玉器、首饰等装饰类物品，也有爵、鼎等象征权贵、疆域的物品；既可以通过雕塑、绘画等方式体现，也可以通过剪纸、纺织等方式呈现，还可以通过中国结、爆竹、灯笼等形式出现。中国传统文化博大精深，有很多组合型吉祥物，如"三星高照"指福禄寿三星，落实到表现形式上，则往往用"鹿"寓指"禄"，用"蝙蝠"寓指"福"。② 吉祥物所表达的寄托也多种多样，有的吉祥物表达的是对长寿的祝福，也有多子多孙、百年好合、金榜题名的期盼。

当前，吉祥物更多地被运用到推广与宣传活动中。如很多企业的商标带有吉祥物色彩，也有很多企业推出自己的吉祥物。亚运会、奥运会、世博会等大型活动也会设计吉祥物，这已经成为各国较为通行的做法。这些吉祥物往往与所代表机构或活动的理念高度相符，同时又很可爱，有较强的趣味性。如2008年北京奥运会设计了五个吉祥物，分别为：贝贝、晶晶、欢欢、迎迎、妮妮，是"北京欢迎你"的谐音。这五个吉祥物的原型分别为：奥

---

① 乔继堂编著：《中国吉祥物》，天津人民出版社，2010年6月版。
② 刘秋霖等著：《中华吉祥物图典》，百花文艺出版社，2000年10月版。

第四章 吉祥物的萌力量

林匹克圣火形象、大熊猫形象、鱼形象、藏羚羊形象、燕子形象，都有较深的寓意。

日本的吉祥物与中国类似，在日本人的心中，河有河神，山有山神，地有地神，这些神灵寄托着人们对生活的美好期待，也都成为吉祥物的素材来源。在日语中，吉祥物被称为"YURU KYARA"，全称是"YURUI MASCOT CHARACTER"。当前，日本吉祥物繁多，其中，MASCOT 的意思就是中国传统意义上的吉祥物，指被认为能给人们带来幸运的事物。

当前意义上的日本吉祥物于 20 世纪 80 年代产生，经过逐步发展，2008 年前后迎来全国性的"吉祥物热"。20 世纪 80 年代，在地方博览会上首次出现吉祥物，被认为是日本吉祥物的起点。2000 年，日本漫画家三浦纯提出了"YURU KYARA"的概念，并开始在杂志专栏中连载"地方吉祥物的民俗"。2007 年，"国宝·彦根城 400 周年纪念活动"中，滋贺县彦根市的吉祥物"彦根猫"迅速红遍全国，吉祥物风潮由此开始，"彦根猫"成为第一个走红日本全国的地方吉祥物，至今还是日本吉祥物的代表。当年，鸟取市举办第一届地方吉祥物运动会，运动会上，各地吉祥物会比赛跑步、跳绳、足球射门、投掷铅球等各类趣味性运动项目。2008 年，"YURU KYARA"进入当年日本流行语的前 60 位。2010 年开始举办的日本全国范围"吉祥物排名"，每年举行一次。2013 年 1 月，100 多个地方的吉祥物一齐共舞超过 5

79

分钟，打破了世界吉尼斯纪录并获得"世界最大型吉祥物齐舞"的认定。同年11月，来自全国的376个吉祥物聚集一堂，获得"最多吉祥物聚集"的吉尼斯世界纪录的认定。

2013年7月，在北京举办的中日友好活动上，日本熊本县的吉祥物"熊本熊"登场亮相，深受人们喜爱。2013年12月，"地方吉祥物"成为2013年十大流行语之一，获奖者为熊本县的"熊本熊"。

滋贺县彦根市的吉祥物"彦根猫"是第一个走红日本全国的地方吉祥物

日本吉祥物的主要特征

当前，日本十分擅长把吉祥物用于区域、企业、团体的公共关系、宣传活动中，这些吉祥物往往被设计成某些动物、人物形象，参与各类推广宣传活动。整体来看，日本吉祥物有如下几个特征。

首先，数量多，受关注度高。2014年举行的日本全国吉祥物排名活动中，有1699件吉祥物参与投票，其中，地方吉祥物1168件，企业吉祥物531件，全国投票数高达2267万票。吉祥物的数量、火热程度可见一斑。①

第二，涉及领域广，既有地方政府的官方吉祥物，也有特定政府部门的吉祥物，还有大量企业各自的吉祥物。如人们熟悉的熊本熊，就是熊本县政府的官方吉祥物。同时，日本人事院、防

---

① http://www.yurugp.jp/about。

卫省、总务省、经济产业省、环境省、气象厅、科技厅等中央政府部门都有各自的吉祥物，多地的监察部门、警察部门、消防部门、地方政府部门也都有各自的吉祥物。

1998年，为庆祝日本海上保安厅设立50周年，塑造海上保安厅的亲民形象，吉祥物UMIMARU被设计出来。这只吉祥物以海豹为原型，其名称也是通过大范围征名活动得来的，寓意"保护海洋"。这只吉祥物还获得日本海上保安厅"二等海上保安正"的正式衔级。

日本海上保安厅吉祥物
UMIMARU

由于吉祥物UMIMARU传播效果非常好，日本海上保安厅又于2002年设计了其姊妹吉祥物UUMIN，获得"三等海上保安正"的正式衔级。不同于UMIMARU的男性着装，UUMIN则穿着女性士兵的制服。

第三，经济社会发达地区拥有更多数量的吉祥物。根据"吉祥物大赛2015"主办方的数据，在登记在案的各地吉祥物中，东京最多，达227个；大阪次之，为101个；吉祥物数量最少的是宫崎县，仅有10个。

第四，各地各类吉祥物集中体现各类萌元素，是萌力量的典型代表。如"吉祥物大赛2011"的冠军是熊本县的熊本熊，萌、呆、蠢等各种萌元素聚集，让其迅速走红；"吉祥物大赛2012"的冠军是爱媛县今治市的"小黄鸡"，圆滚滚的身体十分笨拙，走起路来摇摇摆摆十分可爱；"吉祥物大赛2013"的冠军得主是栃木县佐野市的"佐野丸"，这个吉祥物以住在佐野市老城区的武士为原型，头顶"佐野拉面"的大海碗，腰上佩戴着当地小吃"油炸马铃薯"串，圆圆的眼睛惹人喜爱；"吉祥物大赛2014"的冠军得主为群马县的"群马酱"，担任群马县宣传部长，是一匹憨态可掬的黄色小马。

日本海上保安厅
吉祥物 UUMIN

"吉祥物大赛2012"的冠军得主：
　　爱媛县今治市吉祥物"小黄鸡"

"吉祥物大赛2013"的冠军得主：
　　栃木县佐野市吉祥物"佐野丸"

第四章　吉祥物的萌力量

"吉祥物大赛 2014"的冠军得主：
群马县吉祥物"群马酱"

第五，吉祥物形式灵活，与人们日常密切相关。如熊本熊的定位虽然是宣传与推广熊本县，但其活动并没有太强的功利性，而是融入人们的日常生活中。熊本熊经常参加熊本县的市民活动，给市民尤其是妇女儿童带来欢笑。和歌山市山东地区的吉祥物"竹笋超人"则经常到和歌山电铁公司贵志川线的电车内，向乘客派发巧克力和传单。每年 2 月 14 日情人节，滋贺县彦根市的人气吉祥物"彦根喵"都能收到来自日本各地和其他国家的粉丝寄来的大量巧克力。

第六，吉祥物相关的话题与活动有较强的趣味性。如熊本县曾围绕熊本熊策划"熊本熊失踪了"事件，熊本县知事还煞有其事地召开紧急记者会，吸引媒体广泛关注。奈良县葛城市的吉祥物莲花酱和东京都墨田区押业商店街的吉祥物押业君，曾在奈良市的奈良公园秘密约会，莲花酱还乔装变身，用纸板挡住了脸孔。这类极具传播能量的话题策划，与吉祥物形象相得益彰，往往能取得很好的传播效果。

当前，日本都道府县、市区町村等各级自治体都纷纷推出自己的吉祥物。据统计，当前日本的地方吉祥物达1400多种，各类吉祥物的评选、比赛、活动十分

两位吉祥物正在公园约会

多，地方吉祥物成为很多区域营销的重要手段和载体。

区域宣传中的"卖萌"传播

吉祥物自然是区域营销中"卖萌宣传"的重要方式，但卖萌的方式其实很多。日本山形县知事吉村美荣子头戴樱桃帽出席重要会议，引发同款"樱桃帽"走红。日本各地的多位知事一改严肃形象，大搞"卖萌表演"博眼球。以动漫、吉祥物和政客卖萌为代表的"萌元素"频频出现在日本区域形象传播活动中，日本区域形象宣传进入"卖萌时代"。

日本不少地方推出"地方动画"，开展推广宣传活动。这正如中国兴起的"地方微电影"风潮。这些"地方动画"以某区域的真实景点为场景，让观众体会到真实感。一些地方动画甚至会在日本全国流行，如冲绳的地方动画《你好七叶》在日本全国范围内播放。而一些地区更是推出"限定播放"版的地方动画，如富山县南砺市的地方动画《恋之旅》创新采用了"捆绑销售"的新尝试，只有携带移动端到当地，才能接收信息实现观看。据报道，《恋之旅》播放以来，来市里观光的游客比前一年增加了三倍。这种方式已经逐步得到推广，大分县别府市也推出捆绑销售式的地方动画。

除地方动画外，更常见的区域卖萌方式就是"吉祥物"。很多了解

地方动画《恋之旅》创新采用了"捆绑销售"的新尝试

日本文化的人都知道"熊本熊"，他是日本熊本县的吉祥物，已经成为日本区域吉祥物的代表。据统计，47个都道府县中，至少87%的地方拥有吉祥物。其中，45%是动物的形象，31%是人类的形象，17%是食物的形象，7%是其他形象。除都道府县外，还有不少市、区也纷纷推出吉祥物。熊本熊、小黄鸡等动物形象设计得可爱无比，能够让人开心轻松愉悦，自然而然地吸引游客，成为宣传地方形象的常见手段。

区域吉祥物的确能给人带来愉悦，并传递"正能量"。如京都市上下水道局善用其吉祥物宣传节水理念；人气明星熊本熊在主要节日都会选择与民众一起度过，如在圣诞节时扮成圣诞老人，出现在熊本市育儿所班的聚会上，给孩子们带去欢笑和快乐；兵库县的吉祥物是一只黄色的菲尼克斯"不死鸟"，它会出现在日本残疾人运动会上，激励残疾人士，也会向县民宣传防灾救灾知识和经验，还会宣传少子化对策，呼吁民众支持育儿事业。

饮食教育中的菲尼克斯形象

旅游宣传中的菲尼克斯形象

防灾宣传中的菲尼克斯形象

  区域吉祥物在一定程度上带动地方经济发展。据《朝日新闻》报道，2011年11月熊本熊在吉祥物大赛中获胜后，成为日本著名的虚拟明星。到2013年10月期间的2年内，熊本熊为熊本县带来的经济效达到1244亿日元。

山形县副知事细谷知行头戴樱桃帽致辞（共同社）

山形县知事吉村美荣子也头戴樱桃帽在动员大会上呼吁员工"即使丢面子也要提高宣传能力"

无论是日本的企业、高校、区域，都惯用吉祥物来展现"萌力量"。当然，日本"卖萌时代"的吉祥物大战也存在诸多问题。如有观点认为日本吉祥物过多过杂，需要"裁员"；而知事、市长等政客不分场合地"卖萌"，被指"很傻很无聊"。面对质疑，头戴樱桃帽的山形县知事吉村美荣子说"即使丢面子也要提高宣传能力"。看来，日本的区域宣传是要将"卖萌"进行到底。

樱桃帽在民众中也流行起来

地方吉祥物的功与过

地方吉祥物是人们生活的解压阀。上文曾论述过，日本人在日常工作、生活中，经常感受到各方的压力。人们积累的压力需要释放，需要寻找可以放松心情的空间和渠道。大多地方吉祥物都很萌很可爱，让人的内心感到"治愈"，自然起到生活解压阀的作用。无论是熊本熊还是船梨精，之所以能够迅速吸引大量粉丝，靠的就是它们身上的萌元素。值得一提的是，这些吉祥物原本只是定位为日本国内宣传，但很意外地在全球走红，也可以看出人类不分地域、种族，对萌物的共同兴趣。当前中国社会存在一些急躁、忧虑情绪，整个社会也十分需要解压阀，吉祥物或许可以成为一个不错的选项。

地方吉祥物是城市的"活名片"。大多数地方吉祥物都是为了提升地方的人气，对本地区起到宣传推广的作用，是地方推广的绝佳平台。在后文中，本书会详细介绍熊本熊、船梨精等地方吉祥物在推广当地过程中起到的作用。如熊本熊担任熊本县营业部部长，在参加节目时会积极植入熊本县的农产品、景点等信息，还会量身打造美食类节目，也会专门推出宣传动漫，专门推广熊本县的牛肉、海产品、蔬菜等特产。熊本熊的走红让熊本县这个僻处日本南部、名不见经传的小县在日本国内声名远播。在日本，像熊本熊这样的地方吉祥物多达千余种。它们既是城市形象的活名片，也是当地特产的活广告。船梨精虽然不是官方吉祥物，但在走红后一样会时不时地在节目中植入所在地船桥市的信息进行推广。群马县吉祥物群马酱担任群马县宣传部部长，积极宣传群马县经济、社会、旅游、农产品等信息，其他各地的吉祥物无一例外，都起到地方推广的重要作用。

地方吉祥物是地方经济的助推器。吉祥物，尤其是知名度较高的明星类吉祥物有很强的经济效应，这种经济效应是多方面的。一方面，吉祥物走红能极大提升地方的知名度，省去广告等推广费用；其次，吉祥物能为地方带来大量游客和商机；第三，吉祥物带动周边产品的生产和消费，也带动所在地区农产品、文化类产品的生产和消费。据《朝日新闻》报道，熊本熊为熊本县带来的经济效应在 2 年内达到 1244 亿日元。这一结果是依据 2011 年 11 月熊本熊在吉祥物大赛中获胜后，到 2013 年 10 月期间，从相关周边产品的销售额计算得出的。还包括旅游观光和相当于 90 亿日元的广告宣传效果。而一直被视为收视王牌的 NHK 大河剧的年经济效益平均值仅为 205 亿日元，这说明熊本熊的经济效应已经大幅超过了电视剧收视冠军。[①]

当然，地方吉祥物的问题也不少。首先，日本舆论对吉祥物的一个批评就是"吉祥物过剩"。如东京地区的吉祥物超过 200 个，大阪地区也超过 100 个。吉祥物过剩现象严重，有些吉祥物

---

① http://gb.cri.cn/42071/2013/12/27/6991s4372079.htm。

一夜走红，十分光鲜，但这背后则是更多默默无闻的吉祥物，它们的知名度很低，能起到的宣传效果十分有限。此外，一些吉祥物涉嫌抄袭，如有媒体曝出日本香山县政府的环保吉祥物 Eco-chan 与皮卡丘有着惊人的相似形象。

附：日本历年"吉祥物大赛"前 3 名

"2011 吉祥物大赛"第一名：熊本熊（日文：くまモン）

所属：熊本县

说明：原型是黑熊，代表熊本，黑色代表熊本城的颜色基调。2010 年开始代表熊本县"惊奇熊本"活动，全国吉祥物 2011 年冠军。担任熊本县营业部长和熊本县幸福部长。

"2011 吉祥物大赛"第二名：小黄鸡（日文：バリィさん）

所属：爱媛县今治市第一印刷株式会社

说明：以黄色小鸡为原型，头上的王冠以濑户内海的来岛海峡大桥为原型，腰带是今治特产毛巾，钱包代表该地区的造船业。

"2011吉祥物大赛"第三名：西子君（日文：にしこくん）

所属：东京都国分寺市

说明：以武藏国分寺出土的瓦当为原型，是长着两条腿的小妖精，代表着武藏国分寺遗迹的名胜，人物形象活泼。

"2012吉祥物大赛"第一名：小黄鸡

说明：略

"2012吉祥物大赛"第二名：Choruru（日文：ちょるる）

所属：山口县

说明：2007年在山口县国民体育大会田径赛上首次亮相。绿色的头发代表"山口"的"山"，方脸代表"山口"的"口"。2012年担任山口县公关部长。

"2012吉祥物大赛"第三名：群马酱（日文：ぐんまちゃん）

所属：群马县

说明：原型是一头身着绿色衣服的黄色的小马，起初设计为四条腿，后修改为站立形象。2012年起担任群马县宣传部长。

"2013吉祥物大赛"第一名佐野丸（日文：さのまる）

所属：栃木县佐野市

说明：以住在佐野市老城区的武士为原型，头顶"佐野拉面"的大海碗，腰上佩戴着当地小吃"油炸马铃薯"串，圆圆的眼睛惹人喜爱。

"2013吉祥物大赛"第二名：出世大名家康君（日文：出世大名家康くん）

所属：浜松市

说明：德川家康在成为幕府将军之前在浜松住过17年，浜松位于东京与大阪中间，静冈县中西部，通过家康宣传这种人杰地灵的特征。

第四章 吉祥物的萌力量

"2013 吉祥物大赛"第三名：群马酱（日文：ぐんまちゃん）

说明：略

"2014 吉祥物大赛"第一名：群马酱（日文：ぐんまちゃん）

说明：略

"2014 吉祥物大赛"第二名：小深（日文：ふっかちゃん）

所属：崎玉县深谷市

说明：诞生于 2010 年 6 月，原型是深谷兔子，头上装饰的深谷野生大葱，主要宣传深谷市代表性的各种物产，是深谷市的特别居民。

"2014 吉祥物大赛"第三名：MICAN（日文：みきゃん）

所属：爱媛县

说明：原型是爱媛县盛产的蜜柑，加之爱媛县地图形状像一

93

只奔跑的狗，所以设计成了小狗的形状。

"2015 吉祥物大赛"第一名：出世大名家康君（日文：出世大名家康くん）

说明：略

"2015 吉祥物大赛"第二名：MICAN（日文：みきゃん）

说明：略

"2015 吉祥物大赛"第三名：小深（日文：ふっかちゃん）

说明：略

第五章

熊本熊缘何风靡全球

熊本熊的诞生

熊本熊（Kumamon），是日本熊本县的官方吉祥物。其日语发音是"Kumamon"，中文通常译作熊本熊，也有译为"萌熊"的。熊本县在中国已经注册了"酷MA萌"的商标，所以"Kumamon"的官方翻译应是"酷MA萌"，足见熊本县官方对熊本熊"酷"和"萌"的重视。由于在中国"熊本熊"的称谓已经被广泛认知，本书采用"熊本熊"的说法。

在熊本熊官方网站上，熊本熊有如下自我介绍：

"我的名字叫熊本熊，2011年3月以九州新干线全线开通为机缘而诞生的。我的工作是，发现身边的惊喜与快乐，分享给全国的所有人。我不仅仅在熊本活动，还经常出差到关东、关西地区，热情介绍熊本的美事和大自然。熊本县知事提拔我担任营业部长兼幸福部长，我的工作干劲越来越足。我会把自己超级喜欢的熊本更多地介绍给大家，今后，我会更频繁地与大家见面的！魅力四射的熊本和我，今后请大家多关照呀！"

姓名：熊本熊

诞生地：熊本县

生日：3月12日（九州新干线开通日）

性别：不是雌熊，是男生！

年龄：保密（坊间盛传5岁）

性格：调皮不听话，很强的好奇心

擅长：熊本熊体操，寻找惊喜并进行传播

职责：好歹是个公务员

　　　被知事提拔做营业部长兼幸福部长

　　　通过传播熊本惊喜，广泛宣传最喜欢的熊本县的魅力

出没于：让人感到欢乐的地方

熊本县是日本四十多个都道府县之一，位于日本最南端的九州岛，与大分县、宫崎县、鹿儿岛县毗邻，其人口只有不到200万人。在九州岛上的几个县中，熊本县的被认知度并不太高。2006年，熊本县推出"关西战略会议"，着力向日本关西地区（大阪、京都、奈良等）推介熊本。2011年九州新干线开通，熊本不是终点站，只是过路车站，所受关注也并不高。在这种背景下，在2011年新干线开通之前，熊本县委托著名剧作家、熊本人小山薰堂开展区域形象传播活动，小山提出"熊本惊喜"运动，也就是呼吁熊本县居民在日常生活中发现惊喜，并进行传播，从而宣传和推介熊本的魅力。

小山委托其友人、著名艺术设计师水野学设计"熊本惊喜"的LOGO。水野提出，若想更有效地宣传熊本县，不妨考虑设计成吉祥物，这个构思得到小山的认可。最终，熊本县也认可设计吉祥物这个方向。水野设计出的吉祥物，是呆萌的表情，主要是想区别于其他地区官方吉祥物很正统、严肃的表情。事实证明，这种差异化的设计是熊本熊后来取得成功的一个关键所在。虽然熊本熊官方网站说"2011年3月以九州新干线全线开通为机缘而

诞生的",但实际上早在2010年,熊本熊就已经开始积极活动了,身份是"临时职员",也就是我们常说的临时工。一直到2011年9月30日,它才被任命为"营业部长",这是一个地位相当高的职务,仅次于知事和副知事,相当于"第三号人物"。

熊本熊"最亲密的人",是熊本县知事蒲岛郁夫。熊本熊的产生、走红,都与这位知事密不可分。蒲岛1947年生于熊本县,年轻时曾任职于日本农协。1968年赴美进行农业研修,后在内布拉斯加大学留学,专攻"猪的精子研究",获得硕士学位后转入哈佛大学攻读政治学,并于1979年取得政治经济学博士学位。这位既懂"猪的精子"又懂政治学的学者回日本后,任教于筑波大学,历

蒲岛郁夫
图片来源:新华网

任讲师、副教授、教授,1997年,任东京大学教授。从农协职员成为东大教授,这一话题当时曾被日本媒体广泛报道。2008年,年满60岁的蒲岛从东京大学退休,以无党派的身份回故乡参选熊本县知事,并以很大优势当选,成功从大学教授变身地方首长。在当选后,蒲岛把自己的参选过程写成论文,发表在了日本著名杂志《中央公论》上。2012年,蒲岛再次当选熊本县知事。

2008年当选熊本县知事后,当年11月,蒲岛任命出生于熊本县的著名女星Suzanne(原名山本纱衣,1986年出生于熊本县)为熊本县宣传部部长。可见,这位知事十分重视传播和宣传工作。熊本熊正是在这种背景下出现的。

2010年3月5日,熊本县"新干线元年战略推进室"发布了

熊本熊的形象。熊本熊诞生后，开展了积极主动的宣传推广活动，除了参加现场活动之外，熊本熊还积极通过推特、脸书等网络平台开展推广活动。据推算，2010年度熊本熊的宣传活动折合广告费用高达6.4亿日元。此外，依靠熊本熊效应，熊本县官方电子杂志的订阅数也直线上升，2012年在全日本位居第二，仅次于大阪府。

2012年，熊本熊在中国已经有相当高的知名度，熊本县在上海设立事务所时，熊本熊也前来出席。2013年4月24日，日本驻华大使木寺昌人就任仪式上，熊本熊也受邀出席，在正式的外交场合也崭露头角。此时，恰逢中日关系低谷，无论官方还是民间都有较强的对立情绪。在这种背景下，日本邀请熊本熊到北京出席这样一个正式场合，其用意十分明显：通过萌物软化中国人对日本的强硬态度。

2013年，日本地方经济综合研究所的调查中，针对"九州地区中，信息传播让人最为印象深刻的县是哪个县？"的问题，熊本的排序在九州地区从第6位上升至第2位；关西地区的受调查者则把熊本县排在第3位，上升了3位；首都圈的受调查者把熊本县排在第5位，上升了2位。同时，表示"访问熊本县的频率增加了"的受调查者在日本全国增加了10%，在关西地区则增加了23%，熊本熊的宣传效果已经显现。

2014年1月，熊本县政府又新设立了虚构的机构"幸福部"，熊本熊受蒲岛知事任命，开始兼任熊本县幸福部部长。熊本熊在熊本县的作用、地位不断上升。

第五章 熊本熊缘何风靡全球

熊本熊的走红过程

众所周知,日本是一个特别重视著作权的国家。一般来说,动漫形象、吉祥物等都得到很好的保护,如想使用,往往要支付高额的费用。

熊本熊则采取了另一种策略。

当前,熊本熊的著作权由熊本县全部买断,只要获得熊本县的许可,个人和企业都可以使用熊本熊形象,不需要支付版权费用。个人层面的娱乐不需要获得许就可以随便使用。所以手机套、文具等周边产品的开发和生产,企业只要获得熊本县的许可,就可以免费使用熊本熊的形象。这种著作权的免费策略,在全球也很罕见,却成为熊本熊迅速走红的催化剂之一。

2013年之前,熊本县对熊本熊的著作权使用许可仅限在日本范围内,很多日本企业开发设计了大量熊本熊形象的产品。2013年之后,随着熊本熊形象的全球走红,一些海外企业也开始申请熊本熊形象的使用权。2014年1月,熊本县把熊本熊的名称和形象的使用权许可给了香港一田百货店。2014年6月,熊本县政府表示,对于中国、韩国、泰国、新加坡、欧盟、中国台湾等国家和地区的申请,原则上必须把熊本熊周边产品的制作和加工交付给熊本县企业(总部设置在熊本县的企业)来完成,以此来促进熊本县的经济发展。

2011年11月熊本县政府发布的数据显示,截至当年9月份,熊本熊使用许可一共获批1670件,获得许可并销售熊本熊相关产品的企业达400家,其中200家企业发布了销售报告,熊本熊相关产品的销售额突破10亿日元。

2012年3月熊本县政府发布的数据显示,获批的熊本熊使用许可翻了一番，达3682件，涉及的企业数量也大约翻了一番，达782家。其中，有统计数据的413家企业的2076种熊本熊相关产品在2011年一年间的销售额高达25.56亿日元。

2012年一年间，熊本熊相关产品的销售者多达1172家，销售额超过2011年11倍以上，达到293.6亿日元。其中，食品相关产品的销售额约250亿日元，玩偶等物品的销售额26亿日元。

2013年一年间，有2504家企业销售熊本熊相关产品，销售额达449亿日元，比2012年又一次实现大幅增长，几乎翻一番。

据日本银行（日本中央银行）熊本支行的推算，2011年熊本熊获得吉祥物大赛优胜之后的两年间，其经济效益达1244亿日元。

参加综艺节目，展现"萌"形象

熊本熊走红，最本质上是人们对这类萌物的热爱，同时，也离不开熊本县对熊本熊的积极推广。如拍摄熊本熊系列片、推出CD唱片、话题营销等，熊本熊推广手段十分灵活机动。

比如，在冰桶挑战风靡全球时，熊本熊也参加了一把，其过程被拍成一段一分多钟的视频上传到社交网络平台。在视频中，熊本熊很夸张地表现水很凉，在将冰水混合物浇到自己头上之后，拿着纸张指定下一个接受挑战者：日本著名歌舞伎演员市川海老藏。

熊本熊推广还善用媒体、善于策划活动。如熊本熊官网的一系列短片里，熊本县召开了一场紧急记者会，因为"熊本熊失踪了"。这个有点无厘头的剧本打造了一个游子迷途的故事。熊本熊从知事那里接受了在关西发放1万枚名片的任务，但被大阪的魅力迷住，途中音信全无，担心的知事召开紧急记者会，希望目击者通过推特提供信息。

熊本熊的性格设定，是熊本熊成功十分重要的因素。正如熊本熊官网的信息所示，熊本熊的性格为"调皮不听话，很强的好奇心"。在日常生活中，熊本熊表现出多种与上述性格相一致的性格特征：萌、调皮、有时"坏坏的"、喜欢恶作剧。熊本熊参加了大量综艺节目，展现了其多个方面的萌形象。

萌形象之一：熊本熊很笨，但笨得可爱。熊的体态臃肿，本身就显得很笨，熊本熊也不例外，很多笨笨的动作让人捧腹。如在一个节目中，熊本熊在地铁站检票后进站时，被狭窄的检票口夹住动弹不得。还有一次在电视节目中，熊本熊参观位于熊本市的熊本综合车辆所，那里停放着很多新干线车体。参观后，通过高高的梯子下车时，臃肿的身体滚了下来，主持人很担心地上前询问情况。看到大家很担心自己之后，熊本熊又开始"装"，躺在那里赖着不起来。整个过程让观众既感到好玩又感到揪心。在拍摄美食节目时，熊本熊也兴冲冲地帮着打年糕，但其戴在手上的手套被年糕粘住而从手上脱落，被机器裹挟到年糕中。由于是直播，这在节目现场引起不大不小的骚乱，熊本熊则傻傻地、呆呆地站在那里反省，让观众觉得很好玩、很真实，也惹人爱怜。这些节目中，熊本熊显得很笨，不断出现各种"状况"，在这类突发状况中，熊本熊则借势发挥，其笨、呆、萌的性格特征被展现得一览无余。

熊本熊从新干线上摔下后，躺在地上赖着不起来，引起演播室嘉宾大笑（左下角）①

萌形象之二：熊本熊很"坏"，但坏得可爱。如熊本熊在一次参加节目时，轻轻掀起身边美女主持人的超短裙的一角，引起观众大笑。熊本熊只是轻轻地掀起一点点裙子，动作无伤大雅，女主持人也嗔怒地打熊本熊。这个动作既表现了熊本熊"坏坏的"一面，也表现出其"好奇心"。在另一次体育活动中，在一群穿超短裙的美女拉拉队员身边，熊本熊"不慎"摔倒，然后抱住一位拉拉队员的大腿不放，其他美女拉拉队员赶紧前来营救。

萌形象之三：熊本熊很有爱。如一个电视节目报道一群小熊出生，并以此为卖点吸引游客前来。由于熊本熊不能说话，所以在节目最开始，它很着急、很激动地想表达，最后对着摄像机镜头用手语说："熊本熊生孩子了。"然后一路小跑带着记者前去拍摄。由于入口比较窄，熊本熊还被卡住，然后它机智地侧身进去。在节目中，熊本熊则一本正经地抱着一只小熊，并且积极地拿着奶瓶给小熊喂奶，俨然真正的熊妈妈。在整个节目中，植入

---

① 视频网址：http://v.youku.com/v_show/id_XMTI4MTcxMjI0NA==.html?from=s1.8-1-1.2.

了熊本县多个宣传要素。

熊本熊认真地给小熊喂奶,十分有爱①

萌形象之四:熊本熊很勇敢、很爷们。由于各种各样的原因,熊本县五木村人口急剧减少,现在的人口只有最多时的四分之一。为了重振村庄经济,吸引人们关注,当地策划了蹦极活动,蹦极高度为 77 米。熊本熊的参加,吸引了许多人前来观看。在做准备时,熊本熊不断向摄像机镜头竖起大拇指,表现出自信满满的样子。跳下的过程,熊本熊表现得很勇敢。原本轻松的娱乐节目,通过慢镜头和感人的音乐,衬托出了熊本熊的勇敢,使熊本熊形象更加立体,起到了宣传熊本县的作用。

如何通过熊本熊宣传熊本县

熊本熊对熊本县的宣传可谓无孔不入,用尽其极。既有官方色彩很浓的活动,如 2012 年 4 月 22 日,泰国总理英拉访问熊本县时,熊本熊与熊本县的知事一起迎接并接待;也有商业色彩很

---

① 视频网址:http://v.youku.com/v_show/id_XNTUwMjk5NzIw.html? from =s1.8-1-1.2。

浓的宣传推广活动，如2013年1月25日至2月8日两周期间，熊本县买断了东京地铁银座线与丸之内线的两辆地铁的广告，受到广泛关注。

2013年1月25日至2月8日，东京地铁车辆中的熊本熊广告

发行出版物是常见的宣传推广方式。2012年以来，与熊本熊相关的很多书籍出版问世。第一本是由竹书房出版的《熊本县营业部长熊本熊》，销售超过4万本。扶桑社出版的《与熊本熊一起7天6夜的惊喜之旅》面世一个月就卖出1.3万本，这个数字在日本出版界是非常高的销量。

参加美食节目宣传熊本农产品。熊本熊在参加一档趣味性很强的美食节目时，用熊本县很有名的红牛肉，做了牛排盖浇饭。在节目过程中，还不失时机地通过视频宣传熊本县的红牛，介绍这种牛的生长环境、牛肉的优点等。熊本熊还到红牛生活的地方与它们近距离接触。在演播室，熊本熊看到生牛肉后，上前假装要吃，表现它作为熊的本能，让人捧腹。在搅拌酱汁的时候，熊本熊又开始恶作剧，把酱汁弄洒，帮倒忙。在往锅里浇汁时，锅里冒出火，熊本熊又夸张地躲避。牛排煎好之后,节目主持人让熊本熊切一下,结果熊本熊拿起叉子就要把整块牛肉吃掉。节目的最后,熊本熊还请出了学习院女子大学教授解析熊本红牛是如何在大草原上生活的,并介绍了其肉质鲜美的原因。整个节目,趣味性很强,熊本红牛相关宣传的植入十分自然。

熊本熊在美食节目中掌勺①

拍摄系列短视频推介熊本县。熊本县推出一系列以熊本熊为主角的短视频,在视频中熊本熊会实地发掘熊本县内主要景点、品牌、企业,并试图进行创意式的推广与宣传,有时则通过趣味性的故事展现熊本熊的性格特征。如在第一集中,视频介绍了熊本熊就任熊本县营业部长的过程,熊本县知事亲自颁发任命书,十分"光彩"。就任营业部长后,熊本熊觉得自己是个"人物",开始"牛"了起来。首先,它在熊本县政府大厅接待处,向漂亮的接待小姐要电话号码,结果遭到拒绝。继而,熊本熊在县政府大楼指示牌前找自己的办公室,发现堂堂营业部长,居然没有安排办公室,于是开始"发飙",猛砸指示牌,视频的字幕显示:

---

① 视频网址:http://v.youku.com/v_show/id_XNzU3MzQwMTc2.html?from=s1.8-1-1.2。

"熊本熊想要自己的办公室",但由于"行为过激",被工作人员带走。整个视频只有不到两分钟,情节十分简洁自然,充满趣味性,也表现了人们很本能、很可爱的一些想法。熊本熊把这些"人性"演出来,增加了人们对它的喜爱。在第五集中,熊本熊挂着"熊本县营业部长"的牌子在熊本的大街散步,心里想:"我想把熊本的好的地方更多地介绍给大家。"它在大街上看到某品牌的宣传牌后,就到其公司与创意人员一起想了若干个推广方案,获得成功。

熊本熊系列短片第一集:"就任营业部长"之卷①

　　通过高水平广告推广熊本县。熊本熊走红后,以熊本熊为原型的广告很多,其中不少广告都很巧妙地植入了熊本县的相关要素。如《熊本熊的腮红不见了?》是一条很简洁、纯真的动画,说的是有一天早晨,熊本熊醒来后发现自己引以为豪的腮红不见

---

① 视频网址:http://v.youku.com/v_show/id_XMzU5MDc4Nzk2.html?from=s1.8-1-1.2。

了。乡里乡亲们都帮熊本熊寻找它的腮红。蔬菜店的老太太说,在田间看见你的腮红了,鲜红的西红柿;卖鱼的大爷说在鱼市看到腮红了,很多鲜红的大虾……但它依旧没找到自己的腮红。温泉的老奶奶告诉熊本熊,累的时候来泡泡温泉吧。熊本熊很舒服地泡了温泉,发现自己的腮红回来了。后来,熊本熊吃了一个红色的西红柿,发现腮红又不见了。动画的旁白说:"原来如此,腮红会不见,是因为吃了太多熊本的美味食物。真是的,没事就好,对吧!熊本熊!"这条广告很自然地宣传了熊本牛、海产品、农产品等,同时又让人感受到了熊本县居民邻里关系的和谐。

熊本熊泡温泉①

其实,这是一个系列活动。先期,由于熊本熊的腮红不见了,熊本县蒲岛知事召开"紧急新闻发布会",希望大家帮忙找回熊本熊的腮红。没有腮红的熊本熊也走到大街上发放传单等宣传品,还来到日本警视厅,向警视厅吉祥物Pipo"报警",声称遗失了物品。这个系列活动引起媒体的广泛报道,据测算,广告

---

① 视频网址:http://v.youku.com/v_show/id_XODE2NDU1Nzgw.html? from=s1.8-1-1.2。

效益达到 6 亿日元。

"熊本熊的腮红不见了"系列活动于 2014 年 11 月获得美国口碑营销协会（WOMMA）WOMMY 铜奖。熊本熊还专程前往好莱坞参加颁奖典礼。

熊本熊是熊本县的代言人，其主要工作是宣传熊本县。但实际上，熊本熊对熊本县的宣传显得不急不躁，没有让人感到特别强的功利性。在其走红之后，很多电视节目邀请熊本熊来露脸，其中不少节目并未安排对熊本县的宣传，而只是吉祥物的娱乐活动，但熊本熊依然积极参加。如某电视节目策划的地方吉祥物运动会中，节目方策划了 50 米快跑、千秋等项目，熊本熊被安排与爱媛县今治市的吉祥物小黄鸡进行竞争。在 50 米快跑中，熊本熊跑出 16 秒 33 的速度，而略显笨拙的小黄鸡只跑出 18 秒 21 的成绩；在铅球比赛中，熊本熊只投出 3.8 米的距离，而小黄鸡吉祥物则投出 11.3 米。节目后期，两个吉祥物和备受欢迎的 AKB48 的成员一起在演播室互动，进行趣味体育比赛。整个节目中，熊本熊并没有急于去推介或宣传熊本县，而是纯粹地作为一只有趣的熊本熊，给大家带来快乐。观众都知道它是熊本县的代表，看到熊本熊如此活泼、好玩、快乐，自然也会对熊本县产生好感。在新闻传播学中，有一个重要的技巧，就是在宣传中巧妙地隐藏宣传意图。这种不露痕迹、不急不躁的方式，其宣传效果往往更好。

熊本熊和小黄鸡在节目中赛跑①

"熊本熊"如何抗震救灾？

2016年4月中旬，熊本县连续发生地震，造成较大人员伤亡。地震后，人们对灾区民众关注的同时，也关心熊本熊的安危。而熊本熊的相关活动基本都已停止，甚至其网络平台也停止了更新。如熊本熊官方网站的博客，只更新到地震发生前的4月13日，官方推特的更新也停留在4月14日；官方网站上的活动计划表中，地震后的4月中下旬、5月的日程大都被标注了"中止"字样。4月15日，熊本熊官方网站发布消息，他们收到很多人对熊本熊的关心，但是现阶段应以地震的消息为优先，所以熊本熊的社交网站信息更新将暂时中止。

在严重地震发生后，政府需要全力应对灾情，暂停吉祥物的活动，也在情理之中。而实际上，熊本熊本身的活动虽然暂停了，熊本熊的各种形象却在抗震救灾中发挥了独特作用。

---

① 视频网址：http://v.youku.com/v_show/id_XNDM3NzU2NTI4.html?from=s1.8-1-1.2。

首先，是熊本熊形象在地震募捐和慈善活动中的运用。出于版权保护的考虑，在通常情况下，大家想使用熊本熊形象时，需要提前向熊本县提出申请。从申请到审批，往往需要大致一个月的时间。地震发生后，使用熊本熊形象的申请激增。4月19日，熊本县决定，放宽对熊本熊形象使用的限制。若在熊本地震募捐、慈善公益活动中，希望使用熊本熊的形象，可以不经申请和许可。不少公益机构都纷纷使用熊本熊的形象开展地震募捐等活动。宫城县一些中小学曾在2011年的"311大地震"中严重受灾，此次熊本地震发生后，很多中小学生展开了募捐活动，当然，熊本熊的形象也无处不在。如宫城县美里町一所高中的学生在募捐中，募捐箱上、学生的帽子上、学生胸牌上都设计了熊本熊的形象。

其次，动漫家支援熊本地震灾区时，熊本熊形象发挥了独特作用。熊本地震发生后，漫画大国的漫画家们也开始了一场通过漫画支援熊本地震救灾的活动。这场活动起源于著名漫画家森田拳次，他被称为日本漫画之王。地震后，在他漫画中，熊本熊缠着绷带、拄着拐杖，受伤严重。而旁边有两个人正跑上前去帮忙。以此为发端，社交平台展开一场名为"♯熊本熊加油之画♯"的活动。大量漫画家和普通漫画爱好者加入这个行列。《花样男子》《真岛火爆浪子》《夏风》《海贼王》《进击的巨人》等日本著名漫画中的形象，都与熊本熊出现在同一幅漫画中，他们或者与熊本熊并肩抗震救灾，或者帮助、安慰受伤的熊本熊。日本著名广告公司电通的九州分公司还把其中部分漫画制作成视频广告，在熊本县和大分县的电视台播出。

第三，在灾民心理疏导，尤其是灾区青少年儿童的心理疏导方面，熊本熊可以发挥更大作用。地震后，熊本县把抗震救灾放在第一位，全面停止了熊本熊的相关活动，有人对此存在争议，认为熊本熊应该站出来，为灾区民众打气。终于，日本媒体4月30日报道，熊本熊正在计划"复出"，希望在黄金周期间能来到孩子身边，为灾区孩子加油打气。日本的网民也特别期待熊本熊能早日复出，通过卖萌的方式减轻灾区民众心里的痛苦。在地震发生后一定时间内，抗震救灾进入持久状态，灾民心态会发生微妙变化，此时吉祥物的出现往往能给灾民一定程度的安慰。

在熊本地震后，虽然熊本熊的团队一度中止了熊本熊的相关活动，但实际上熊本熊的形象通过各种更加灵活多样的形式，出现在抗震救灾的各个角落。地震发生三周后，熊本熊终于再次出现，受到媒体的广泛关注。在灾区，孩子们围住熊本熊，尖叫、拥抱、拍照。

这样一个虚拟形象，不只在日本走红，甚至风靡全球。熊本熊走红背后的原因很多，有一些是日本特有的，也有一些是全人类共同的。熊本熊给我们带来很多方面的思考，它的成功经验，在中国区域形象传播、旅游推广、政府公关等方面，都值得吸收与借鉴。

第六章

非官方吉祥物船梨精

除熊本熊外，日本还有一个特别活跃的地方吉祥物，那就是船梨精。熊本熊是官方吉祥物，核心使命是为熊本县代言，宣传熊本县；而船梨精则是千叶县船桥市非官方吉祥物，既然是"非官方"的，其活动就更为灵活自由。

船梨精的出现与走红

船梨精的日文名为"ふなっしー"，英文写作"funassyi"。船梨精所在的千叶县船桥市位于千叶县西部，紧邻东京湾，距离东京也不远。船桥市的特产是梨，所以"船梨精"中的"船"便是船桥市的"船"，"梨"则是船桥市的特产，"精"是指这个吉祥物是一个"妖精"。这个船梨精没有性别，性格被设定为好动、调皮、活泼、开朗。

船梨精已经引起中国媒体的关注。新华网于2015年3月5日报道，来自日本千叶县船桥市的吉祥物船梨精当日在东京首次与外国媒体记者见面。从2011年诞生以来，船梨精迅速走红，成为日本最具人气的吉祥物之一。船梨精的吸金能力也在急剧上升。2014年，它所产生的经济效益已经超过60亿美元，有人称之为"船梨精经济现象"。

2011年11月,为了宣传船桥市,船梨精开始在推特上活动,并没有线下活动。当时,船梨精还只是一个平面形象。之所以会设计这个形象,还是缘于2011年的东日本大地震。地震后,日本各地都受到不同程度的影响,千叶县的船桥市也不例外。受地震影响,销售量急剧下降的当地店铺纷纷设法改善经营状况。很多店铺业主聚在宜家网络设计学校学习,在课堂上,老师留下一个作业:如何让船桥市兴旺起来。于是学员们制作了一个宣传船桥市的网站,并为网站设计了一个吉祥物"船梨精"。这个平面形象是用Freehand软件画出来的,仅30分钟就画好了。

到2012年4月,实物的"梨皮"(也就是吉祥物的外套)被制作出来了。

2012年,在吉祥物选举中,船梨精在865个参赛吉祥物中仅仅位列506位;2013年在日本百货店协会主办的"当地吉祥物总选举"中,船梨精从480个参赛的吉祥物中脱颖而出,获得冠军。

2013年,船梨精还与女子组合AKB48一起演出,给美国电影配音,并参加著名笑星志村健的古装戏。古装与吉祥物融合在同一个节目中,别有趣味。

据船梨精自己接受访谈时表示,2012年,它每月参加2~3次活动,并且都是自费参加。到了2013年,它几乎每天都有安排,要么参加活动,要么参加电视节目的录制。2013年,船梨精的周边产品已经超过200种。

会说话的吉祥物:船梨精的语言特色

船梨精是诸多地方吉祥物中的一员,其最大的特点是可以说话,并且说话很有趣、很幽默,有自己的语言特点。

一般认为,吉祥物是一个象征性的存在,最主要的是外在形象，是不需要说话的。一般吉祥物身边还会站一个工作人员，这个工作人员帮助吉祥物说话，吉祥物在一边进行动作的配合。

但船梨精打破了这个常规。在一次参加地方吉祥物的活动时，其他地方吉祥物身边都站着一位工作人员，帮助交流和宣传，但船梨精身边没有人。当别人问他："船梨精，你的身边没有工作人员吗？"它用很可爱的声音说："没有呀。"就这样，船梨精，这个吉祥物开口说话了。现场游客也觉得很好玩，于是开始跟船梨精进行交流。有人问："船梨精，你有多少钱啊。"它回答："我有274日元。"又有人问："你怎么回船桥市啊？"它回答："我走路回去。"引得周围人们大笑。

船梨精的说话风格有着独特的特点。

首先，语速快，声音特别。由于船梨精没有性别，所以其声音既不是男性声音，也不是女性声音，而是介于二者之间的特别声音，并且语速很快，信息量很大。有时，他还会秀一秀外语，如在娱乐节目中秀法语，在访问台湾的时候秀中文。台湾某电视台女主播跟它打招呼时，它用中文回应："非常高兴。"看到女主播给他递过来臭豆腐时，很警惕地用中文问："这是什么？"然后很爽快地吃下了臭豆腐。在展示了弹跳能力之后，用中文说："有点累了……"

其次，内容无厘头，趣味性强。如自我介绍时，说自己年龄为1875岁，每小时酬劳为274日元。在被问及最近买了什么东西时，他回答说，买了一辆二手车，是用一箱一箱的梨子来支付的。2015年3月5日，船梨精在东京会见外国记者时，在提问环节，不少记者纷纷"刁难"和"调侃"这个好脾气的精灵。一位美国记者就日本修宪问题提问，船梨精回答说不管怎样都希望和平。还有记者问到它的出场费问题，船梨精毫不客气地回答"一千个梨一小时"。

第三，句末有其专用的标志性用语"呐西"。在日语中，梨为"なし"（发音为"呐西"），船梨精为"ふなっしー"，船梨精语言的独特语

船梨精在接受 CNN 记者采访

法就是在每句话后面加一个"なっし"。如他在接受 CNN 记者采访时，记者问他："你开始只是往 YouTube 上传视频，而今风靡全球，你是如何做到的？"船梨精回答："很简单，没做多么复杂的事呐西，我只是每天让身边的人高兴呐西，就变成这样了呐西。"这种说话方式成为其最大特色，也引来不少粉丝的模仿。

船梨精不只是一个吉祥物形象，它已经与外套里面那个说话的人合为一体。船梨精的性格，某种程度上也是外套中的真实人物的性格。

"非官方"的灵活性

日本的地方吉祥物大概有两种，一种是非官方吉祥物，一种是官方吉祥物。虽然创造船利精的初衷是为了支持船桥市的宣传推广活动，但船梨精一直都不是官方认定的官方吉祥物。在 2011 年至 2012 年船梨精走红之前，没有政府的支持，其活动是很艰难的，想报名参加活动都不一定能参加上，即便能参加节目，一切费用都要自掏腰包。2013 年船梨精走红之后，其活动范围急剧扩大。一方面，船梨精在积极推广船桥市，另一方面，更多地参加

各类与区域宣传毫不相干的娱乐节目,极大地提高了其知名度。

2013年10月,船梨精获得船桥市市长亲手授予的感谢信。在授予仪式上,船梨精特别强调,自己是"非官方吉祥物"。而在一年前的2012年,船梨精曾经试图申请成为船桥市官方吉祥物,被官方部门拒绝了。

作为非官方吉祥物,船梨精可以自由地参加企业的商业推广活动,一些新开张的饭店、商店举办公关活动时,经常会请船梨精前来参加,聚拢人气。

大多数地方吉祥物除了"萌"之外,还有"憨""笨"的共同特点。但船梨精与这些特点迥异。首先,它一点都不笨,且有惊人的弹跳力。其次,船梨精一点都不憨,它经常在各种场合与明星斗嘴。船梨精总是大喊大叫,又蹦又跳,疯疯癫癫,异常活跃。

非官方、萌而不憨,这些迥异于其他地方吉祥物的差异化特征,使船梨精让人过目不忘,迅速风靡日本,走向全球。

故事性助力快速传播

有故事,才能更好地传播。船梨精有一个很有趣和无厘头的故事。船梨精的父母是普通的梨树,其兄弟姐妹有274个,船梨精是老四,还有一个排名五十六的船梨五郎经常与它一起活动。船梨精是2000年才会出现一次的梨精,船梨精的生日是公元138年7月4日。

船梨精的身高是90厘米,体重为35千克,喜欢硬摇滚、重金属类音乐,喜欢吃的水果是桃子。

同时,船梨精自己也坦言,它有说谎的癖好,"所说的事情中有27.4%是谎言"。

所以，上面对船梨精玄而又玄的故事设定，其实没有人认真追究，也没有人当真，大家就是图个乐呵，要的就是一种娱乐精神。

2014年10月，船梨精现身万代公司新商品发售现场，同时还带来了它的弟弟船梨五郎。哥哥船梨精的口头禅是"呐西"，而弟弟船梨五郎的口头禅是"呐皮"。哥哥船梨精会喷梨汁，弟弟船梨五十六的必杀技则是喷丝线。

这种无厘头的故事情节，让船梨精充满娱乐精神，使接触到船梨精的人感到放松。这种故事性让船梨精得到快速传播，并迅速走红。

参加活动时的船梨精（右）与船梨五郎（左），
船梨精凭借弹跳能力高高跳起①

船梨精通过多种方式宣传自己，比如它积极接受访谈。在接受富士电视台的访谈时，船梨精被装在一个很大的纸箱子中运进

---

① 图片来源：人民网，http://japan.people.com.cn/n/2014/1016/c35467-25848518.html。

演播室。船梨精则坦言，怕被门卫拦住，所以是藏在箱子中"潜入"进来的。在访谈时，船梨精贯彻无厘头的性格。被问及姓名时，它说，名字都是现场临时说的，如"船田梨男"之类。节目中，还很自然地宣传了船梨精新出的CD。值得一提的是，船梨精在节目中特别注重趣味性。如主持人问："最近买的最贵的东西是什么？"它回答："二手车。"主持人问："什么牌子的？"它回答："牌子……这事儿能不说吗呐西？"在被问及收入时，船梨精坚称"时薪274日元"。主持人说："不要时薪274日元这种答案，你现在应该赚了相当多的钱了吧？年末也要填税单？跟去年填的数字有很大差别吧？已经是好几倍了吧？"船梨精很快反应过来："你干吗呀，这是诱导审讯啊！肯定不会问哆啦A梦或者面包超人这些问题吧？"全场大笑。

在访谈过程中，船梨精还有好几次说漏嘴，出现了口误，增强了趣味性。如在谈及其弹跳力时，船梨精随口说："人啊，越跳弹跳力就会越强。"主持人马上问："人？"言外之意，你是妖精，你不是人啊。船梨精马上笑着更正，观众大笑，这让访谈很欢乐。在谈及其"梨皮"的清洗时，船梨精说，通常不洗澡，因为洗了之后很长时间"梨皮"都干不了，耽误工作。主持人问及，在工作很累的时候如何放松自己？船梨精脱口而出："喜欢去大众浴池。"主持人马上指出其矛盾（前面说通常不洗澡，后面又说爱去大众浴池），船梨精反应过来之后说："啊，对啊，对啊，前后矛盾啦。"这类小状况，正是船梨精开口说话带来的"麻烦"，与前述熊本熊出现的状况略有不同。但相同的是，这些无伤大雅的小状况，只会增加节目的趣味性，增强人们对吉祥物的爱怜，而不太会让人感到是漏洞或问题。吉祥物，彻头彻尾就是"玩"的精神，何必那么认真呢。

第六章 非官方吉祥物船梨精

通过娱乐节目宣传地方特色

2014年3月,船梨精在参加著名组合SMAP的娱乐与美食节目时坦言,其"外套"是从中国订做的,价格38000日元。节目组还找来同是船桥市出身的明星,与船梨精一起宣传船桥市。SMAP成员用船桥市的胡萝卜、小松菜等食材制作美食,船梨精则积极介绍船桥市的诸多魅力,包括人口、购物、消费、美食等。节目甚至还加入一个环节,让船梨精一边跳绳,一边对船桥市进行宣传,只要跳绳不中断,宣传就可以继续。船梨精越卖力跳绳,船桥市就能在节目中得到越长的宣传时间。

2013年7月,也就是日本首相安倍晋三提出安倍经济学大约半年之后,船梨精推出DVD"船梨经济学"。在DVD开场白中,船梨精说:"今天,船梨精带大家逛船桥市呐西,吸引全日本的人来船桥市,这样景气就能恢复呐西,这就是船梨经济学呐西!"在DVD中,船梨精像旅游节目主持人一样带观众参观船桥市的餐馆、布艺店、牧场等,既宣传了船桥市,又不失趣味性。

如上所述,船梨精不是官方吉祥物,就有较大的灵活性和自由度,其宣传对象远远超出了船桥市。2015年6月,船梨精又推出"船梨经济学2",这次船梨精来到日本最南端的冲绳,体验了冲绳的美食、民间技艺和炎炎夏日的大海,同时加入了大量娱乐元素。在DVD最后船梨精说:"希望DVD能够给大家带来一些力量。"

船梨精在接受SMAP访谈时坦言,刚出道时,它与一些活动主办方联系,希望参加活动,但都没能得到任何理会。于是船梨精在公园等地方拍视频,传到YouTube等视频网站,很快走红。它在节目中透露,自己"每小时工资274日元","今年1875岁了"。节目对船梨精的评价是"全力宣传船桥市"。

由于外套是由中国生产,并且有"Made in China"的标签,所以有歌星打趣唱歌说,船梨精不是船桥市的妖精,而是中国产的梨精。船梨精还曾在台湾接受过媒体采访,用汉语与台湾女主播进行交流,在演播室尝试吃臭豆腐,对中国文化似乎很有兴趣。

船梨精红起来之后,更注重通过多种方式开展宣传活动。2013年11月27日,船梨精发布了个人单曲"FU、FU、FU-NASSYI～FUNASSYI官方主题曲～",在网络平台被广泛传唱。

船梨精周边产品的开发与推广

在日本,某个事物的知名度往往很快能转化为商业价值。船梨精也不例外。其走红后不久,各类周边产品便上市了,其中不少周边产品的推广手法也十分巧妙。

船梨精的周边产品做得十分全面。其周边产品主要通过 Funassyiland 平台进行销售。Funassyiland 已经在千叶县船桥市和大阪有实体店,售卖玩偶、文具、餐具、

位于千叶县船桥市的 Funassyiland 实体店店面
(图片来源:Funassyiland 网站)

毛巾、帽子、衣服、点心、抱枕、手机壳等。这些产品的售价并不便宜,如一个手机壳标价 2300 日元,图片所示的点心一盒标价 800 日元。

船梨精还与日本著名美妆品牌城野医生（Dr.Ci：Labo）合作推出面膜产品，且限量发售，引发船梨精粉丝们（"梨友"）的疯狂抢购。其实，这也是面膜生产商借用人气吉祥物外形开发的外观创新型面膜。不仅如此，贴合消费者在社交媒体环境下的传播习惯，销售方还在社交媒体平台展开了晒面膜的活动。消费者将船梨精面膜敷在脸上进行自拍，把照片上传到社交网络平台，就有可能免费获得赠品。"梨友"的娱乐精神被调动起来，各种恶搞图片不断涌现：有人老老实实地把面膜敷在自己脸上自拍，也有人把面膜敷在船梨精玩偶的脸上，还有人敷上船梨精面

船梨精点心（图片来源：funassyiland网站））

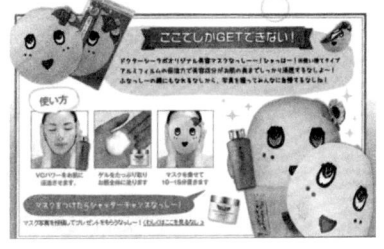

销售船梨精面膜的网站截图

膜模仿船梨精的惊人弹跳力，更有人直接穿上船梨精的外套……在"梨友"的狂欢中，面膜生产商收获了销量。

日本著名便利店企业FamilyMart也曾与船梨精合作，推出船梨精外形的中华肉包，每个售价190日元。

便利店推出的中华肉包　　　　正式出版的船梨精画册

正式出版的《船梨精巴黎日记》

官方吉祥物与非官方吉祥物的对比

通过熊本熊与船梨精的比较不难发现，作为官方吉祥物，熊本熊在政府部门有"职位"，它所有的活动，几乎都带有官方色彩。官方吉祥物既有优势，也有劣势。

第六章 非官方吉祥物船梨精

在优势方面，首先，作为官方吉祥物，政府给熊本熊提供充足的人力、物力、财力支持；其次，在宣传推广方面，熊本熊的几乎所有活动都与政府的公关宣传部门紧密配合，较少做无用功，更加有的放矢。

劣势与优势相应而生。熊本熊的官方身份，让其活动的灵活性受到一定影响，其性格、动作设定，都不能随意更改。

相对而言，船梨精则更加自由，即便很多活动与区域宣传无关，它也可以积极参加，且推出大量周边产品，体现出更强的商业化特征。此外，船梨精的动作、语言、性格也更为自由，没有什么顾忌。如最初，船梨精与其他吉祥物一样，是不说话的，但有一天，它发现说话会更有趣，于是就开口说话，且语言极为风趣幽默。这种自由，便是非官方吉祥物的优势。

非官方吉祥物的劣势则更多体现在初创阶段。船梨精曾经连参加活动都很难，很少得到露脸的机会，经费等方面也曾经面临巨大困难。船梨精这种非官方吉祥物之所以能够走红，还是依靠YouTube等网络平台的巨大传播力。

第七章

警察吉祥物

2016年9月杭州G20峰会期间，杭州市公安局警察公共关系处推出"熊猫护护"和"熊猫杭杭"吉祥物。① 熊猫警察吉祥物在G20峰会的安检、宣传中都发挥了重要作用。警察吉祥物的这次重要实践，给中国警察吉祥物的发展带来巨大想象空间。日本是一个善用吉祥物的国家，不仅商业传播、区域传播活动对吉祥物有广泛应用，其警察系统也设有许多形象鲜明的吉祥物。这些警察吉祥物服务于警察正面形象塑造、润滑警民关系和安全知识传播等多个方面。本章对日本警察吉祥物进行考察，以期对中国警察吉祥物的发展提供借鉴。

杭州市公安局推出的警察吉祥物形象

在突发事件、群体性事件的应对过程中，警民关系的处理十分关键。和谐的警民关系对整个社会稳定也有重要意义。近年

---

① 蒋萍:《最萌"熊猫警察"助力G20安保》,《文汇报》,2016年8月26日。

来，警察系统非常重视公共关系活动，不少地方还专门成立公共关系处，开展警察公共关系相关工作。相应地，警察公共关系的相关研究也受到重视。整体来看，警察公共关系的相关研究主要在新媒体和危机应对两个视角下展开。李鹏飞在《公安机关网络公关的媒体策略》一文中关注了网络在构建新型警民关系中的作用。穆潇在其论文《警察公共关系导向问题研究》中探讨了警察公关的舆论导向问题。秦超的《论警务微博对警察形象的维护》梳理了新媒体在构筑正面警察形象中的作用。

在中国，目前尚没有发现专门针对警察吉祥物的研究。人们对吉祥物的关注，主要集中在大型活动吉祥物方面，如奥运吉祥物、世博吉祥物等。也有一些成果关注了吉祥物设计问题，如丁环来的《浅析色彩心理与吉祥物配色》、谭元君的《动漫角色设计与吉祥物设计的关联性研究》等。城市吉祥物也受到越来越多的关注，如付关容等的《城市吉祥物的选择与运用》、周先博等的《浅议中国城市吉祥物设计》等。

可见，当前中国学者对警察公共关系和吉祥物均有一定的研究，但关于警察吉祥物的研究还没有出现。本章对日本警察吉祥物进行梳理，希望对中国警察吉祥物发展提供对策建议，为警察与公众沟通提供新的思路。

日本警察吉祥物的主要类型

警察吉祥物与城市吉祥物相类似，其取材不仅要体现警察工作的宗旨，也要兼顾地域特色。因此根据地域的不同，各县市采用吉祥物时所选择的载体也有所区别。经过整理，本书将日本警察吉祥物归纳为如下几类。

1. 人物类造型

本书所收集到的 47 个都道府县 87 个日本警察吉祥物中,有 17% 是以人为原型创制的,其中以年轻、活泼的形象为主。大阪府警察机构的吉祥物便是一对活力十足的兄妹,头顶的"V"字向公众传达着温暖与信赖。神奈川县濑谷警察署的一对双胞胎姐弟吉祥物就"萌态"十足,Q 版造型加上猫耳和尾巴这样的萌系设定,使得平时访问量最为低迷的濑谷警署网站访问量急剧提升,2010 年 9 月网站更新后,访问量由 8 月中旬的 2769 人次激增至 26 万 1512 人次。

大阪府警察吉祥物　　　　　　神奈川县濑谷警察署吉祥物

2. 动物类造型

一般来说,吉祥物设计时最常用的造型就是动物,鸟类、狗、海豚、猴子、熊这些为人所熟知的可爱动物,在日本警察吉祥物中占很大比例。动物类型的吉祥物中,以各县特色鸟类为原型的吉祥物数量最多,例如,埼玉县的白鸽、栃木县的白腹蓝鹟、茨城县的云雀、长野县的雷鸟、石川县的鹫、爱知县的角鸮、兵库县的东方白鹳、鸟取县的鸳鸯等等。

除此之外,警察吉祥物中还有一个以远古生物作为吉祥物的特例。福井县所发掘的恐龙化石数量为日本第一,福井恐龙有较高的知名度,因而福井县用戴着安全帽的恐龙来作为其警察吉祥物形象。

语音的谐音在吉祥物设计和选择过程中也有一定的应用，山口县方言中"幸福"与"河豚"发音相似，因而山口县将河豚作为警察吉祥物。河豚胖胖的身形看起来很可爱，身上的尖刺寓意安全保卫。

埼玉县警察吉祥物　　福井县警察吉祥物　　山口县警察吉祥物

3. 植物类造型

和选择动物为吉祥物的动机相似，植物也因为具有象征性寓意而被选用成为警察吉祥物。秋田杉高大笔直，坚韧挺拔。秋田县警察吉祥物就以当地特产的秋田杉为原型，象征着警察工作的刚强坚忍、对居民的庇护和法律的刚正不阿。香甜软糯的新潟大米驰名世界，新潟警察吉祥物以新潟大米的米粒为原型，象征着警察的纯正无私、和人民生活紧密相关、造福百姓。

秋田县警察吉祥物　　　　新潟县警察吉祥物

4. 大自然类造型

日本境内山脉众多，有许多世界闻名的景点。山梨县是日本名山——富士山的所在地，当地警察吉祥物亦是采用富士山作为原型进行创作，拟人化的富士山戴着警察帽，穿着警服，不论是当地居民还是前来游玩的游客，这些受当地警察保护的对象都能印象深刻地记住这个形象。德岛县则是采用了带给大家温暖与光明的太阳作为警察吉祥物，太阳象征着警察的公平无私，亲切果敢，民众看到太阳，也会自然而然地想到温暖，对警察宣传的心理壁垒便会减少许多。

富山县警察吉祥物　　　　　德岛县警察吉祥物

5. 文体科技类造型

岩手县作为著名作家宫泽贤治的故乡，采用宫泽贤治的小说《不怕风雨》为原型，设计出了风袋、雨滴这两个自然景象拟人化的吉祥物，象征着警察保护市民以及地区风调雨顺。

静冈县的足球实力强大，于是采用足球拟人的形象来做警察吉祥物，象征着警察快速灵敏的反应速度，及时有力地为市民解决问题。

滋贺县的信乐烧陶器十分出名，这里的陶器与濑户、常滑、丹波、备前、越前并称日本六大古陶，新乐烧造型中常常能看到戴着斗笠、提着酒壶的狸猫形象，造型可爱的狸猫本来就经常被放在庭院和商店门口，用以祈求买卖兴旺。滋贺县警方选取狸猫作为警察吉祥物，象征警察能够守卫民众。

日本有一套自成体系的神话传说，也拥有许多历史故事。冲绳县警察吉祥物为吸收了中国元素的驱魔狮子，寓意驱散一切邪恶，保护民众。京都府的警察吉祥物"もも君"取材于冈山县神话桃太郎，香川县的"ユイチ"源于源平合战中以神乎其技的弓术留名后世的历史人物那须与一，二者都象征着警察卓越的工作能力和过人的胆识。

长崎县是日本现代工业的发源地，喊出了"技术立县"的口号，其主要经济支柱是造船业和机械制造。长崎县的吉祥物也渗透了"技术立县"的宗旨，将警察吉祥物设定成了纯科技元素的机器人造型。

静冈县警察吉祥物

滋贺县警察吉祥物

冈山县警察吉祥物

长崎县警察吉祥物

6. 混合型

还有一些县市发挥想象，采取多元素融合的方式，将人类、动物、植物乃至自然融合在一起，青森县的吉祥物是一对可爱的男孩和女孩，他们拥有天鹅纯白的翅膀，象征着正义、公正和亲和。日本东京都警视厅的Pipo君也是一个动物和科技相融合的产物，拥有动物可爱的外观，但也拥有天线等现代化科技元素，象征着警察与时俱进，积极亲切地为市民服务。

日本警视厅吉祥物

青森县警察吉祥物

日本警察吉祥物的甄选与职责

日本的警察吉祥物有的从当地警察局警官的设计作品中甄选，有的是邀请专业设计师根据当地情况制作，有的采用名人作品，还有一些采用海选方式从普通民众的设计中挑选而出。宫崎县的警察吉祥物"宫警酱（みやけいちゃん）"由宫崎县警察和市民共同创制，其形象从宫崎县警察职员及其家庭成员设计的132个吉祥物造型中甄选而出，宫崎县民众为这一形象提供了13794个备选名字，最终为了方便大家记忆，宫崎县警察局选取了当时一位小学四年级的在读学生提供的"宫警酱（みやけいちゃん）"这个名称。

日本的警察吉祥物体系遵循日本行政区域和警察体系来进行划分，警视厅和各道府县警察厅都拥有固定的警察吉祥物，而其下属的各地区级警察署也可以设计和制定自己警署的专属吉祥物。例如滋贺县的警察吉祥物是信乐烧狸猫"警狸君(けいたくん)",其下属的地方警察署也分别有各自不同的吉祥物。

日本吉祥物提倡者三浦纯认为,需要满足以下三个条件,才能被认为是吉祥物:对家乡充满热爱、日常举止独特以及有令人喜爱和让人感觉放松的特质。[①] 日本警察吉祥物基本符合这三点原则,搭载着让人一眼就能识别和记忆的地域特征,拥有自己的专属手势、性格,具有典型的可爱特征,让人喜欢,让人放松。

警察吉祥物经常在警察局门口、地铁站、广场等人流量大的地方"驻守",向路过的市民派发传单,宣传银行转账诈骗、交通安全、预防扒窃抢劫等等;他们还会经常通过Facebook、Twitter等新媒体平台发送推文,告知自己的工作近况;他们也会在警察机构的官方网站上经常出现,为浏览网页的人们提供解释和指引;在有需要的时候,他们还会应邀参与当地社区举办的相关活动,进入幼儿园和小学,帮助小朋友们了解安全相关的知识。警察吉祥物是警察局公共关系部门的骨干成员,肩负着警察信息公开、对外传播、知名度提升、润滑警民关系的重要任务。

日本警察吉祥物搭配特点

日本47个都道府县的警察吉祥物中,有47%的吉祥物并非形单影只,都有其搭档、兄妹或家族成员等人物存在。这或许与亚洲普遍存在的家族文化、集体文化,以及日本组织和企业中的群体意识元素等有着紧密的联系。有许多吉祥物设计之初是单独的一个形

[①] 《みうらじゅんが思う本当のゆるキャラとは》, http://www.zion-news.com/yurukyara2/.

象,但是在后期的发展历程中,根据需求加入了新的搭档和伙伴。整体来看,日本警察吉祥物群体化搭配方面有以下特点。

1. 成对搭配为主

本书收集到的日本 47 个都道府县的警察吉祥物中,36% 是成对搭配的角色,并且都是男女搭配。其中一些是工作中的搭档,一些是兄妹和姐弟的关系。男性角色大多拥有精悍、刚强的性格和干脆果断的动作设计,以增加警察形象安全、可信赖的认知;女性角色则更加亲切、温和、可爱,以增强警察的亲和力和亲切感。男女搭档的角色更加符合平日工作生活常态。以兄妹、姐弟等亲缘关系设定的吉祥物,大多数以可爱的小男孩、小女孩为原型,较容易让受众产生共鸣,令他们联想到与自己朝夕相处的兄弟姐妹。

警察吉祥物中男女角色并不仅仅局限于外表的不同,他们有着各自的分工。男性角色偏向于护卫、交通安全、一般性犯罪等,女性角色则比较关注老人、孩童和女性等易受犯罪分子威胁的弱势群体,还有一些日常性事务和文艺演出。例如福井县的一对恐龙搭档,"龙 P 君(リュウピー君)"① 侧重日常性的安全宣传上,而作为女性角色的"龙美酱(リュウミーちゃん)"② 则更多关注杜绝以儿童和女性为对象的犯罪,并经常走进学校进行安全宣传。

2. 家族血缘关系

日本都道府县的警察吉祥物中,也具有非常鲜明的日本家庭

---

① 福井县的恐龙化石十分出名,"龙 P 君"中的"龙"取自"恐龙"一词;"P"则取自"People"和"Police"。
② "龙美酱"的"龙"依然取自福井县著名的"恐龙"一词;"美"则象征着福井县美丽的山河。

特点。爱知县的警察吉祥物于1991年设定,取材于该县的县鸟红角鸮。这个七口之家是一个典型的日式传统家族,家庭核心成员由在警察局工作的丈夫和妻子组成,上有两位年长的父母,下有三个孩子,分别为小学生、初中生和高中生。

大分县的警察吉祥物发布于1997年,是四只可爱的猴子。这是一个现代日本社会很常见的家庭模式:四口之家。夫妻都供职于警察系统,儿子是小学生,女儿则在上幼儿园。警方给吉祥物设定的故事如下:高崎山的一只猴子幼崽与猴群走散,途中被警察救助。以此为契机,这只猴子对警察这个行业十分向往,并于1992年正式成为大分县的一名警员。当前,这个猴子爸爸的职务是巡查部长,活跃在工作一线。①

这样的家庭关系的设定非常贴近普通日本民众,让"警察"和"家庭"产生关联,无疑会让人们对警察感到更加亲近。这样的吉祥物设置都能够软化人们的内心,增进亲近度和信赖感。

爱知县警察吉祥物

---

① 大分县警察本部吉祥物介绍,http://www.pref.oita.jp/site/keisatu/pinky-shokai.html。

大分县警察吉祥物

Pipo 君的传播实践

Pipo 君是日本东京都警视厅吉祥物，于 1987 年问世。其设计者上原幸子现供职于武藏野美术大学，研究方向为传播设计。这个吉祥物的设计宗旨，是增强民众对警视厅的亲密度和信赖度。Pipo 君是日本知名度最高的警察吉祥物，其名字取自人民（people）和警察（police）的英文发音。它的大耳朵象征着对民众与意见的倾听，明亮的眼睛象征着它能寻遍社会的每一个角落，头顶的天线象征着它对事件高度灵敏的感知。Pipo 君不是特定的某种动物，而是把多种动物身上的可爱元素集中起来设计出来的。微笑着的 Pipo 君已成为日本警察公关活动中最为常见的元素，其传播活动主要由警视厅广报课（"广报课"相当于公共关系处）策划和执行。

1. 街道和户外广告宣传

吉祥物是日本警方开展公关传播活动的重要渠道。由警察穿着真人大小的 Pipo 君造型服装，在地铁站、商场、公园等人流量大的地方派发传单，传播安全知识，塑造良好的警察形象。此外，在警察局、派出所等地还会有印有 Pipo 君的路牌、广告牌和招贴画等，提醒人们遵守规则。此类广告比起说教式的口号，无疑更为有效。

第七章　警察吉祥物

Pipo 君①

2. 线下公关活动策划

作为警视厅吉祥物，Pipo 君有义务在各类宣传活动中出现，这是它工作的重要组成部分，如交通安全宣传活动等。除了这些常规活动之外，Pipo 君参与的一些线下活动十分有趣，如与熊本县城市吉祥物熊本熊的合作宣传。2013 年 11 月 1 日，熊本县城市吉祥物熊本熊不小心丢失了他的红脸蛋，怎么找也找不到，只好来到警视厅找 Pipo 君求助。Pipo 君不断安慰熊本熊，向他介绍东京的各个街道，帮助熊本熊填写遗失物申请书，一起在街上分发传单，对待此事就像自己丢了东西一样。熊本熊认为将找寻

---

① 图片来源：https://www.instagram.com/p/BDkuIJrpV_-/。

红脸蛋的大事托付给 Pipo 君十分安心,并在自己的推特账号上向大家直播找寻近况,受到了粉丝的大量关注。

该活动通过策划吉祥物之间的互动活动,不仅展现出警察对于市民求助尽心尽力的工作态度,强化了警察亲民、诚恳、实干的形象,还凸显了警民之间的情感交互,拉近了市民与警察的距离,让警察公关有趣、可爱。

熊本熊的推特截图

3. 网络视频和网页

为了提高 Pipo 君的知名度,警视厅还在其网站主页上发布了配有视频的《Pipo 君之歌》①,这首歌由警视厅音乐队演奏,由警视厅犯罪抑制对策本部制作,采用音源库"初音未来"的声音。这个视频在"YouTube"和"NICONICO"上还保留有多种版本,也有多种形式的网民再创作版本,还有粉丝根据初音演唱版本录制自编舞蹈上传。这首歌的视频在中国知名弹幕视频网站"Bilibili"和"Acfun"上也有较高点击量。

除了《Pipo 君之歌》之外,以相声形式策划的《Pipo 君的交

---

① 《警视厅 Pipo 君之歌》, http://www.keishicho.metro.tokyo.jp/sikumi/Pipo/music/music.htm。

通安全教室》在网络上也有较高的关注度。一位警官控制 Pipo 君发声，与另一位警官进行幽默的对话互动，在互动之中传播交通安全方面的知识。《Pipo 君的交通安全教室》单个视频观看量在"YouTube"上已上十万，基于这个视频的网民再创作版本，也有较高的点击量。在警视厅官方网站上，还专门辟出一个名为"Pipo 君 TOWN"的网页，该网页主要针对儿童进行警视厅和安全、交通知识的普及。

4. 影视剧植入

Pipo 君深入人心的原因之一，便是他时常出现在影视节目中作为客串角色。近几年警察、犯罪题材的知名作品中几乎都可以看到 Pipo 君的身影。这种"植入式"的传播，既紧扣影视剧的主题，又不会让观众感到突兀。

日本富士电视台于 1997 年播出的《跳跃大搜查线》是日本最受欢迎的警察剧之一。男主角青岛俊作（织田裕二饰演）原本是公司职员，辞职后通过警员考试成为巡警，后因警员紧缺被湾岸署录用。他我行我素、不屈不挠、不断突破的崭新作风在警署引发震动。在剧中，就出现过男主角穿着 Pipo 君的衣服扮演 Pipo 君的场景。Pipo 君的玩偶形象也多次在剧中出现。这部电视剧很富革新性，小人物青岛俊作的拼搏有一股打动人心的力量，男主人公的性格与 Pipo 君所代表的警察精神相符，演绎了不一样的警察故事。

《跳跃大搜查线》中的场景

此外，在 2001 年播出的《菜鸟刑警》中，Pipo 君的玩偶出现在生活安全科的办公室。在 2007 年播出的《女子刑事》中，Pipo 君出现在江东区立日暮西小学校的交通安全教育讲座上。女警察在宣传交通安全知识时，Pipo 君在一旁积极配合。

《女子刑事》视频截图

Pipo 君还曾作为滑稽角色出现在 2006 年播出的《时效警察》中。在 2009 年播出的《相棒》中，Pipo 君出现在"青空警察相谈会"上，现场的广告牌等宣传品中都出现了这个吉祥物形象。在 2011 年播出的《外交官黑田康作》中，Pipo 君作为玩偶出现在警察局办公室桌上。在 2013 年剧场版《ATARU》中，Pipo 君的形象也多次出现。

5. 动漫、游戏、综艺节目植入

Pipo 君也以许多不一样的形式出现在动漫作品之中，借机表达警察紧跟潮流，发展科技的正面形象。如在《逮捕令》TV 版第二季第四集中，警察署食堂的点菜机器人被设计成 Pipo 君的形象，这款机器人能够改善警员的营养健康。此外，在《城市猎人》《幸福的形状》等动漫中，Pipo 君也以多种形式出现。

《逮捕令》中被设计成 Pipo 君形象的机器人

在知名游戏《逆转裁判》和《街·命运的交叉点》中都出现了以 Pipo 君为原型的再创角色。在游戏中，有的直接以 Pipo 君原本的形象出现，有的则进行再创作，略有别于 Pipo 君原本的形象。

在一些搞笑综艺节目中，经常看到各类吉祥物的身影。Pipo 君也不例外，如在富士电视台的搞笑综艺节目《爆笑！大日本アカン警察》中，节目方为节目设计了一个搞笑吉祥物，这个吉祥物以

Pipo君为原型,但十分颓废,并且又傻又笨,是一个滑稽角色。

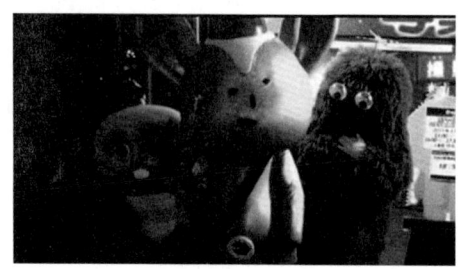

以 Pipo 君为原型的搞笑吉祥物(中)

6. 周边产品贩售

Pipo君的相关商品,都可以在银座的警察博物馆买到,在一些驾校也有销售。周边产品种类繁多,包括各种尺寸的Pipo君毛绒玩具、手机吊坠、钥匙圈、电话卡和印花T恤等等,还有Pipo君贴纸、圆珠笔和飞盘。在东京都交通安全协会的网站上,一个高33厘米的Pipo君毛绒玩具,定价为2410日元。这些周边产品设计非常可爱,并且有一定的实用功能,十分抢手。

Pipo 君的周边产品①

---

① 图片来源:东京交通安全协会网站,http://www.tou−an−kyo.or.jp/samezu_goods/6_list_detail.html。

总之，长期以来，东京警方通过影视植入、线下活动、网络传播等方式，借助 Pipo 君助力警察正面形象的树立，推动警务信息的传播。与 Pipo 君一样，日本警察吉祥物大都由警察局中专门的公关部门来运作，采取线上线下联动、新旧媒体交错的方式进行传播活动，让原本高冷的警察形象变得亲民，让原本枯燥的警务信息变得有趣。

对警察吉祥物的评价

很明显，警察吉祥物在安全知识传播、警察形象塑造等方面具有明显的优势。但在另一方面，警察吉祥物的发展也需要理性思维，应避免一哄而上、使用率低等现象。

1. 比真人代言更加稳定、可控和低成本[①]

警察吉祥物的外形、性格、语言、活动都可以由警察机构自行设置，能够更加彻底地贯彻警察局的风格和精神。一个吉祥物一旦设定，持续使用的时间没有上限，警察机构可以不断地根据工作要求和时代发展补充新的元素，使之充满活力，稳定而又与时俱进的吉祥物能够长久地在受众心中巩固认知。比起外请明星做代言人，警察吉祥物由警察局内部工作人员扮演，可以自由出入于各种场合，并且可以在多个地点同时举办的活动中出现，灵活性较真人代言更高，成本也更加低廉。

2. 有利于塑造正面的警察形象，优化市民认知

吉祥物的整体气质符合主题和特征，头身比例和突出的外形特点给受众留下可爱、愉悦的印象，这是亲和力和信任感产生的

---

① 王鑫：《企业吉祥物作为品牌形象"代言人"的价值》，《现代营销》，2014 年 11 月。

直接因素。① 日本警察吉祥物拥有警察制服、帽子等警察的经典元素，但是外貌和比例上都进行了一些卡通式、拟人化的软化处理，让人视觉感受上发生情感共鸣，产生亲近感和信任感。受众对于警察吉祥物产生的亲近和信任感投射到警察身上，会减小对真实警察的心理防备，更利于警民的沟通和交互，塑造警察的正面形象。

3. 有利于进行以儿童和青少年为对象的传播

警察和政府的形象在大多数人的认知中都是刚强、坚硬的，这样的形象在尚未发展成熟的儿童和青少年眼里更是显得枯燥无味，不会主动产生去了解相关知识的需求。一般来说，警察在儿童心中的形象是威严、可怕的。儿童时期的这种印象，直接导致人们整体上对警察缺乏亲近感。通过一系列针对低龄受众的吉祥物语言、动作、网页设计，造型可爱具有亲和力的吉祥物能够成为沟通低龄受众和警察之间的桥梁，儿童和青少年可以从认识和喜欢吉祥物开始，产生对警察和安全相关知识的更多好奇，促使他们去主动了解相关内容。现实生活中吉祥物进入学校和社区与低龄受众互动，比穿上制服的警察严肃单调的讲座更加具有吸引力，也让人记忆更为深刻。

4. 警察吉祥物：过犹不及

日本几乎全国各地县市政府、警察机构、消防机构、法院都拥有特定的为其做公关推广的吉祥物，虽然个别吉祥物如熊本熊等带来了非常高的经济效益，但是许多吉祥物耗费了大量经费来运营和维护，知名度提升却非常细微。仅大阪就有多达92只吉祥

---

① 曹汝平：《现代吉祥物造型设计与亲和力因素》，《现代艺术与设计》，2007年8月。

物，服务于宣传纳税、儿童支援等各项服务，但据财务省的调查，许多吉祥物一年仅使用5次，但年管理维护费用却高达100万日元。警察机构内也是如此，虽然每个县都有固定的警察吉祥物，但每个分区的警察署也可以设置自己的吉祥物，如此耗费的财力物力均来自于纳税人，因此有市民提出意见，认为应当减少吉祥物的支出，将此部分费用拨出用于更加实际的警察机构和安全设施建设。

参考与借鉴

本章考察了日本警察吉祥物的概况，希望在此基础上，能对中国警察吉祥物建设、警察公共关系的发展有借鉴作用。

1. 充分认识"可爱传播"的重要地位

在网络时代，突发事件的传播往往是爆炸式的。在一些群体性事件中，网络平台存在一定的"仇警情绪"：只要出现警民对立，不论对立的原因是什么，网民往往倾向于同情和支持民众一方。在这种背景下，警察吉祥物等"可爱传播"的元素，能够让民众在不知不觉中降低对警察的对立情绪，增强对警察的亲切感。中国一些地方的警方也开始注重吉祥物、卖萌等方式的"可爱传播"，如2016年9月杭州G20期间，杭州警方推出熊猫形象的警察吉祥物，用于G20期间安全保卫工作的宣传等环节；西安警方在微博发布通缉令时，不忘调皮地说："找到他，你就能买爱疯7了"；南京市公安局江宁分局的官方微博"江宁公安在线"则通过"江宁婆婆"这一性格幽默风趣的博主，将不为众人所了解的晦涩知识，用通俗易懂的形式表现出来。这种"以轻言重"的传播智慧，正是"可爱传播"的本质所在。只有将严肃枯燥、专业难懂的信息用轻松形式展现出来，才能达到更好的传播效果。"可爱传播"在国家安全、社会稳定等方面有重要地位。

2. 科学推动警察吉祥物建设

日本警察系统拥有数量庞大的吉祥物,其造型却各有千秋,不拘于人们对传统警察的印象,取材自日本传统神话传说、动植物、科技产业、风土人文等,通过丰富的意向来塑造亲民、安全、迅速、值得信赖的警察形象。与此相比,中国警察公共关系领域还有巨大可挖掘的空间。中国幅员辽阔,历史悠久,可挖掘的素材极为丰富,可将中国元素、地方元素与"可爱元素"相融合,统筹地方警察机构、学界、业界的力量,科学稳妥推动建设一批外形可爱、寓意深刻的警察吉祥物,推动警察公共关系、警察形象塑造、警民关系工作的发展。

3. 重视警察吉祥物的运营和传播

以往,我们在奥运、世博等大型活动时都会推出吉祥物,但活动结束后,吉祥物也随之销声匿迹。警察吉祥物不应"昙花一现",而应"细水长流"。吉祥物的征集、设计十分重要,吉祥物确定后的运营和传播同样重要。首先,应有专门的团队来运作警察吉祥物。这个团队应由三个方面的人员组成:警察机构的公共关系部门人员、相关高校和研究机构的专家学者、传播或文化创意产业业界人员。其次,警察吉祥物应有鲜明的个性,为其设计的各类公关活动,都应与其个性相统一。第三,应拓宽警察吉祥物的传播渠道,配合吉祥物制作的周边产品、视频、音乐等,让吉祥物在影视剧、户外广告、社交媒体和活动宣传中不断曝光,加深观众对于警察亲切形象的认知,让警察形象更加立体丰满。

总体来看,可爱的警察吉祥物有助于减小民众的对立情绪,增强警察公共关系的趣味性,进而对警察形象塑造、警民关系改到碎片化传播的新媒体平台,很难吸引人来阅读。于是,这些研究机构会通过专门的团队把这些学术成果进行二次加工,使学术成果在语言、文风上都更贴合新媒体平台的阅读习惯。如"人大公共传播研究"推动的央企系列文章中,有一篇的标题是《歪果仁眼中的央企:X企业的海外媒体形象分析》,内容与严谨的学术论文无异,但用词更贴近网络阅读习惯,如标题中出现的"歪果仁"一词。

校园,是年轻人的天地。很多奇思妙想、创新思潮都是在校园萌芽、诞生的。年轻人喜欢接触新鲜事物、尝试新鲜事物,也善于创造新鲜事物。如萌力量中代表性的动漫、游戏都与年轻人有紧密联系。面向这些年轻人的信息传播,更需要贴近他们的信息需求。传统意义上一板一眼的通知、公告,在新媒体平台失去原有的传播力,大学的教务处等部门在这方面也没少下功夫。如中国传媒大学教务处运营有一个"中传教务"的微信公众号,其背后的"教务君"一改传统意义上戴着厚厚镜片、头发花白的教务老师形象,开始卖萌,甚至有时表现得"无底线",在中国传媒大学学生中人气颇高。2015年9月22日,这个微信公众号发布一篇题为"你以为十一就放七天吗"的推文,由于很多同学正在规划国庆七天假期的安排,看到这个标题自然就点开看。点开后会发现,这篇落款为"犯贱的教务君"的推文第一句就是:"是不是有人看到标题就戳进来了?那我只能告诉你,十一确实是放七天,不会多放。那些以为会多放假的同学你们真是'图样图森破'。"接下来就仔细通知十一放假和调课、补课安排。该通知文末内容如下:"你现在可以再看看我的标题了。感觉今天这个推送贱兮兮的。通知发完了。我先走了。拜。"这篇推文引来同学们的疯狂转发,绝大多数同学认为推文调皮、好玩,在无伤

第八章　高校宣传中的萌力量

而今，情况正在发生变化。大学与社会的对接不光表现在科研成果的社会应用、人才培养的有的放矢，更表现在社会影响力提升方面的"通俗化"传播上。最近几年，中国高校开始在录取通知书上下功夫。每年夏天，展示各高校录取通知书"炫酷卖萌文艺范儿"的帖子不断在网络上涌现。

2014年，复旦大学录取通知书附上了手绘版校园生活指南，画风属"萌系"，引发媒体关注；北京林业大学2014年的录取通知书采取半手工制作，封套上使用了刺槐叶片等真实的植物标本，"世界上没有完全相同的两片叶子"，每一份录取通知书都是独一无二的；陕西师范大学的录取通知书是老教授们用毛笔手写而成，墨香四溢；西北大学录取通知书为古色古香的"羊皮卷"，被称为"校园寻宝图"。这些高校的"个性化"宣传，或卖萌或装酷，都受到人们的关注。

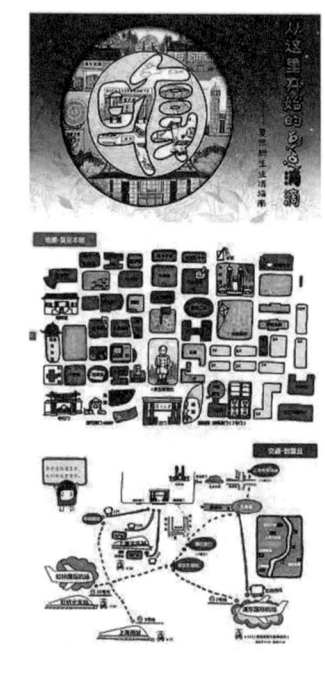

复旦大学录取通知书后附的"萌系"手绘版新生指南

微信、微博的出现让网络语言呈现快速传播、快速普及、快速更新的新特征。由于人们的阅读习惯发生了巨大变化，新媒体平台的语言与传统媒体不同。很多学术机构在不断发表严谨、高深的学术论文、学术著作的同时，还十分注重通过新媒体平台开展通俗化的解读。也就是说，传统的学术论文、学术著作往往讲求用词严谨、逻辑严密，难免读起来很枯燥晦涩，如果把这些成果直接搬

第八章

高校宣传中的萌力量

近年来,随着高校之间全方位竞争越来越激烈,越来越多的高校开始注重通过更接地气的方式宣传自己。除了传统的招生宣传手册外,很多高校发起"师姐在这里等你"等活动,开展另类宣传。也有很多高校在录取通知书上做文章,卖萌通知书同样引发媒体关注。

通俗化传播重要性凸显

一所大学的实力,往往表现在科研力量、教学水平、社会影响力等多个方面。社会影响力与科研力量和教学水平紧密相关,同时又与在校生、家长、校友、社区、媒体报道等多种因素相关。当前,很多大学十分重视社会影响力的提升,不少学校指定专人负责"外宣"工作,通过媒体报道、招生宣讲、论坛研讨等方式开展公共关系活动。在新媒体环境下,很多高校还十分重视科研成果的通俗解读。

是的,"通俗"二字十分重要。大学又被称为"象牙塔"。"象牙塔"是"脱离现实生活",是"高高在上,不接地气",是"躲进小楼成一统,管他冬夏与春秋"。传统意义上的大学,最爱表现出"清高",最不擅长"通俗"。

善发挥积极作用。我们应科学稳妥地推动建设一批警察吉祥物，并通过专业力量进行科学运营和传播，让警察吉祥物成为警察形象塑造、警民关系改善工作中的新力量、新抓手。

大雅且不会引发误会的前提下,把想传播的信息传播出去了,传播的目的也达到了。但很显然,此类卖萌也要有度,不能引发误会。如 2015 年 10 月末,面临即将到来的"双十一",有一些微信公众平台发布"双十一表白要求及处分"的推文,主流媒体跟进关注,引发一场小小的误会。

高校吉祥物

当前,吉祥物在中国更多被运用在大型活动中,如奥运会、世博会等。具体到特定机构或组织,无论是区域、学校、医院、政府部门,都很少有自己特定的吉祥物。

高校亦是如此,大家重视校训、校服、办学理念,但通过吉祥物展现自身形象的做法在中国还不普遍。云南师范大学的吉祥物是"土豆宝宝",源于高校在马铃薯研究的丰硕成果;2014 年,

中山大学吉祥物"中大狮"(图片来源《广州日报》)

中山大学发布"中大狮"吉祥物,也是为了配合学校 90 周年校庆活动;同年,福建农业大学金山学院吉祥物"彼小星"正式亮相,受到关注;而中国传媒大学非官方吉祥物"波尔马",同样源于学生对学校 60 周年校庆的祝福。整体来看,中国高校吉祥物还处于起步阶段,各高校往往在校庆等重大活动时才会推出吉祥

物，并且拥有吉祥物的高校数量非常少，通过吉祥物开展招生宣传、提升形象的做法还不普遍。高校吉祥物的发展空间巨大。

在西方国家，大学吉祥物相对比较普遍。大学吉祥物与大学历史、大学精神、大学竞技体育运动、大学宣传推广密切相关。大学吉祥物起源于19世纪末的西方。经过一百多年的发展，成就了丰富多彩的形象，而这其中，又以配合人物化特征（如穿上运动球衣等）的动物形象的使用最为广泛。大学吉祥物经常活跃在学校的各种大型活动中（如联校球赛、迎新活动），在学生中营造一种对学校的归属感，同时也成为学校特色最富有活力的表现形式之一。今天，拥有一个代表大学的吉祥物已成为世界一流大学的传统和习俗。尤其在我们熟知的拥有诸多世界一流大学的美国，吉祥物几乎已经发展成为大学系列标志中的必要配备——在麻省理工学院的网站上，其吉祥物赫然与校徽、校色并列。①

吉祥物是日本高校"萌力量"的代表。世界闻名的大学中，多数都有自己的吉祥物，日本的大学也不例外。早稻田大学的吉祥物是一只可爱的大熊，因早稻田大学创始人大隈重信的姓氏"大隈"的发音与"大熊"相同，于是大熊就成为该校的吉祥物。这个吉祥物会出现在很多场合：开学典礼、毕业典礼、校庆以及学校参与的各种体育比赛。吉祥物周边产

日本早稻田大学吉祥物

---

① 孙佳：《越洋而来的"精灵日志"——谈大学吉祥物及其文化意义》，《世界教育信息》，2008年第8期。

品也很丰富，早稻田大学校内商店会出售"大熊"形象的布娃娃、玩具、文具等。

日本很多高校都有呆萌可爱的吉祥物，如明治大学有"明治郎"，是以被称作"森林中的智者"的猫头鹰为原型创作的。这一形象于2007年从101幅应征作品中选出，深得明治学生的喜爱。龙谷大学的吉祥物是被称为"龙龙"的一对可爱的龙；同志社大学的吉祥物是被称为"Ben－K"的小狗。

明治大学吉祥物

日本国学院大学的优势学科是神道文化，这一点在其吉祥物中也得到体现。国学院大学的吉祥物是源于神化"因幡白兔"的兔子，憨态可掬，十分可爱。

整体来看，吉祥物对于大学来讲，有如下几个方面的价值。

首先，吉祥物是大学精神、大学特色的集中体现。如早稻田大学的吉

国学院大学吉祥物

祥物与大学创办者的姓氏发音相同。中山大学的"中山狮"分为五个很萌的狮子形象，分别代表中山大学校训中的"博学、审问、慎思、明辨、笃行"几个词。而"红墙绿瓦"也很有中山大学特色，中大的建筑很多是传统岭南建筑，红墙绿瓦也被称为"中大色"，十分有代表性，这个特点正好与釉色斑斓的石湾公仔不谋而合。

其次，高校吉祥物是联系各相关群体的纽带。高校吉祥物的发布，通常会受到如下几个群体的关注：在校生、在校生家长、学校教职工、学校校友、学校所在社区。也就是说，高校比较重要的几个利益相关群体，都会对高校吉祥物表现出浓厚的兴趣，高校吉祥物自然成为联系这些群体的情感纽带。

第三，高校吉祥物是提升学校形象的重要载体。现在，越来越多的大学拥有公共关系部门，用于招生、维系校友、与赞助方等利益相关方保持信息沟通，吉祥物便是一个很好的公关中介。吉祥物会让师生有一种强烈的归属感和自豪感，这在大学生活文化里占据了不可缺少的部分。吉祥物往往在校庆、新生入学、开学典礼、毕业典礼等重要场合发挥作用。此外，在篮球、棒球、足球等校级竞技体育比赛中，吉祥物也比较活跃。事实证明，一些吉祥物不单在学生间、在校园里、在校友中拥有高人气，在社会上也有很高认可度和知名度，甚至还能吸引大批儿童、青少年"粉丝"，吉祥物成为提升学校声誉的重要抓手。

在中国，高校吉祥物刚刚起步。人们对吉祥物的认知还十分有限。但中国大学吉祥物长成的土壤很肥沃，一旦有吉祥物出现，就会引起广泛讨论和高度关注。中山大学的"中山狮"和中国传媒大学非官方吉祥物"波尔马"都受到极高的关注。可以预见，在今后一段时期内，中国将会有越来越多的高校推出各自的吉祥物，其中也一定会出现若干质量上乘、知名度高的代表性高校吉祥物。

校园文化中的"萌元素"

"学园祭"是日本高校卖萌搞怪的一大舞台。学园祭是日本大学的特色,大多数高校每年都会举办一次,是一个开放的活动,任何人都可以参加,所以学园祭是日本高校展示自己、宣传自己的重要途径。学园祭里的"萌",丰富了学园祭的内容,使学园祭的活动更加有趣,有力地扩大了学校的知名度。早稻田大学学园祭叫"早稻田祭",每年秋天举行,其中最吸引人的莫过于美少女和Cosplay,或者两者的融合。

早稻田大学校园祭中的可爱妹子
(图片来自新华网)

这两点都是非常重要的萌的要素,最能引起人们的关注。庆应大学的学园祭叫"三田祭",名字取于庆应大学所在地——三田町。"三田祭"中最受瞩目的活动是庆应小姐和庆应先生的选举。2014年的"三田祭"还有一个别出心裁的活动,就是支付100日元让女大学生扮成各种角色向你表白,所得收入会捐给地震受灾地区。除此之外,也会有Cosplay等吸引人的"萌"元素。

动画或漫画是体现"萌力量"的重要方式。日本很多高校的宣传片都采用动漫的方式制作并发布。如京都学园大学的动画宣传片曾走红网络,该宣传片于2014年7月19日在关西电视台和读卖电视台播出。其动画制作、音乐创作都通过专业团队进行,主人公"太秦园"则由著名声优户松遥负责配音。除了动画本身制作精良外,该宣传片的主人公形象可爱,十分讨人喜欢,而动漫形式的宣传片也符合人们"萌"的口味。宣传片虽然短小,但形式新颖、立意突出,得到了大家的特别关注和广泛传播。

此外,日本高校宣传的"萌力量"还体现在各种细节上,如校园海报、学校宣传手册、校园指示牌,甚至食堂菜肴等方方面面。"萌力量"既是高校宣传的手法,也体现着高校深入骨髓的文化基因。中国高校传统的宣传方法往往严肃有余而活泼不足,而今在面对90后和网络文化时,已经做出了可贵的改变。可以预见,在今后几年中国将会有越来越多的高校在"萌力量"的使用上拿出更多举措,在这方面,日本高校的经验或可借鉴。

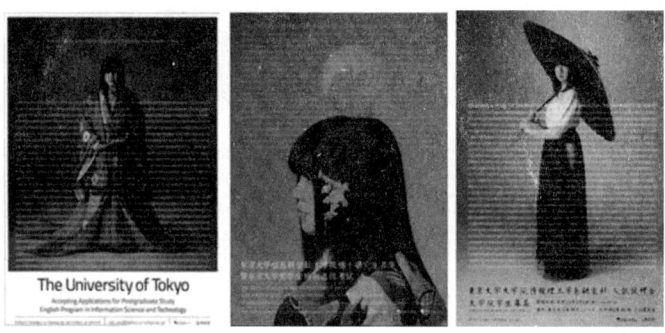

这是东京大学招生海报,上面一排排密密麻麻的小字,隐含着重要的信息。据说破译密码的青年,可以直接获得双倍奖金和重量级教授的推荐信。身穿和服的美少女作为背景特别赏心悦目。"萌妹子+解密",实为吸引技术宅的"妙招"。

第八章　高校宣传中的萌力量

校服中的萌力量

1. 日本的制服文化

2014年年初，美国总统奥巴马的夫人米歇尔参观北京师范大学第二附属中学，意外引爆网民对中国"运动校服"铺天盖地的吐槽。有网友直言在这样"丑到爆"的校服伴随下度过青春，十分可惜。中国青年报社会调查中心通过民意中国网和爱调研网对3505人进行的调查显示，51.2%的受访者直言这样的校服"丑"。也有不少网友拿邻国日本校服比较，认为日本校服时髦、漂亮。那么我们就看看日本校服是怎么发展到今天的。

日本校服之所以这么普及，与日本社会的制服文化有关。在日本，校服是制服的一种。日本人不同人生阶段有不同的制服。从幼儿园开始，到小学、初中、高中都有制服（校服），大学通常不强制穿校服，但大学毕业开始工作后，一般也都有规定的服装，如白领一般为西装，蓝领则通常穿工作服。警察、护士、空姐自不必说，出租车司机、车间工人、公务员也都有特有的制服。可以说，制服是日本社会的一种文化。

当前，日本绝大多数幼儿园、小学、初中、高中都有校服。不同学校的校服样式、标志都有所区别。一般来说，女生校服为裙装，男生校服为西装。校服的作用，首先就是可以区分不同学校的学生，便于学生管理。其次，可以通过校服让学生有对学校的归属感。日本的校服经历了长期的发展与变化。

在明治维新前后，日本的现代学校制度还未建立起来，读书人多通过藩校或私塾学习，对装束没有特别要求。明治维新之后的1873年，工学寮（后改称工部大学校）开始给学生配备制服等生活用品；1879年，学习院也开始给在校生配备制服。当时的制服全部由政府统一配给发放。

二战期间，日本政府强化了对各方面的管制，学校制服也受到政府的统一管制，成为国民服的一个部分。日本战败后，物资极度匮乏，很多学校无法给学生制作校服。日本经济逐步恢复后，学校制服普及率才缓慢回升。

20世纪60年代，对于学校制服的存废，日本社会曾有过争论。反对保留校服的人认为，在现代社会，校服已经不合时宜。当时日本很多学校的校服与军装有千丝万缕的联系，反对者认为学校制服与日本和平主义的宗旨不符。还有反对意见认为，校服整齐划一，容易抑制学生的个性发展，让学生失去对不同事物的宽容心。

20世纪80年代，日本社会已经非常繁荣。大城市的学校兴起了漂亮校服的流行潮流。学校制服的款式、设计都发生很大变化，制服成为流行元素之一。一些学校由于校服漂亮，招生时报考者爆满。

1990年以后，校服作为一种流行元素得到更大发展，除衣服外，鞋子、帽子、书包都是校服的一个组成部分。由于校服设计紧扣流行时尚，贴近年轻人的心理，校服成为年轻学生爱穿的衣服。一些名校的校服除美观外，更代表身份和荣誉。不少女生都认为自己最漂亮的衣服就是校服。当前，"高端大气上档次"的校服已经成为日本的名片之一，引领全球的校服流行风尚。

当然，也有一些学校的校服经历了曲折的发展。由于校服通常较贵，依然有意见认为应废除校服。但有一些曾经废除校服的学校又纷纷恢复校服。如1993年，千叶县立小金高等学校允许学生便装上学，造成报考者下降。2011年，这所学校又恢复了校服制度。

2. 校服体现萌力量

日本大学没有校服，但校服在日本小学、中学中却普遍存在，并且是学校公关的一个重要部分。这里以日本中学女生校服为例介绍一下日本学校制服的"萌"。具体来说，日本校服有如下几个方面的特点。

首先，校服种类多，满足学生多个季节的需求。日本的校服通常分夏装和冬装两种。有的学校还规定了秋装、外套以及背包的款式，除水兵服外还有西式上衣、伊顿茄克、学校毛衣、大衣，夏天则有无袖连衣裙、罩衫、吊绳裙子等。

其次，校服让人体验到美感，受到学生欢迎。由于深蓝色和日本人肤色相称，易于搭配，这种稳重宁静的颜色，穿着后给人清洁健康的感觉，所以绝大多数校服以深蓝色为基

身着校服的日本女生

调。校服一般由校方委托专门厂家设计制作，有些校服还专门请著名设计师设计，因为校服一旦定型就多年不变，所以校方与厂家的合作关系也比较稳固。美观、大方又不过时的校服往往受到学生的欢迎。多数学生喜欢穿校服，而不是抗拒穿校服。

第三，校服蕴含了丰富的教育文化与社会文化。校服更容易培养出学生的同伴意识、团队意识、集体荣誉感和责任心。校服是制服的一种，代表了某种行为规范，意味着纪律和秩序。在日

本，把校服质量的高低作为衡量教育水平高低的一项重要的指标的概念早已盛行。每所学校对校服的选择是相当慎重的。每年春季入学的招生简章的封面上，都清晰地印着该校的校服，并且把它作为学校的一个招生招牌，一些学校由于校服漂亮，招生时报考者爆满。校服更是学校的代表和象征，名校的校服更是如此。穿着名校校服，学生走在大街上都会有自豪感。

第四，日本校服已经成为其"可爱文化"的名片之一，也是其"萌力量"的一个部分。日本的可爱文化在全球传播甚广，包括动漫、游戏、吉祥物、制服等。这些日本"可爱文化"的代表在全球很多国家都有很多狂热的粉丝。在中国，也有很多人非常迷恋日本校服。有的媒体拿中国校服与日本校服比较，并呼吁中国学校也设计更加可爱的校服。

综上可见，高校应该成为萌力量的重要施展平台，高校宣传中"萌"的应用非常广泛，"萌"为高校宣传增色，在提高高校影响力方面可以发挥积极作用。我国高校可以在这方面结合中国国情以及学校自身特点，有更积极、主动和有效果的作为。高校萌力量依然是一座可以积极开采的富矿。

第九章

商业活动中的萌力量

人类各种传播活动中很多好的经验,是从商业活动中总结出来的。萌力量的相关传播也不例外,商业活动在吉祥物等可爱传播方面进行了很多有益的探索。

用狗代言:软银的萌力量传播

在商业活动中,动物依然是萌力量的一个重要体现手法。日本软银集团的董事长孙正义,中国人都不陌生。他不仅在日本缔造了软银帝国,取得巨大的商业成功,还与很多中国企业有千丝万缕的联系。他投资的足迹遍布雅虎、阿里巴巴、盛大网络、新浪、网易、当当网、人人网等。

孙正义善于投资,也善于营销。说起与本书所研究的"萌力量"相关的案例,不得不提在软银系列广告中吸引人们关注的那只白狗"海君"。这个系列广告以一个日本家庭为背景拍摄,不同广告宣传软银推出的不同通话套餐。在广告中,这个家庭的成员十分特殊:父亲是这只白狗,母亲是一位典型的日本妇女,哥哥则是一位黑人,妹妹是一位漂亮的日本女孩(上户彩扮演)。如此怪异的家庭成员安排,软银并没有给出解释,人们众说纷纭,增强了广告的话题性。另外,广告片中,白狗的台词通常由日本演艺界明星进行配音,很多人猜测配音的究竟是谁,也增强了广告的话题性。

这只名为海君的白狗出生于 2003 年,早在 2004 年就曾出演 NHK 连续剧《天花》;又于 2006 年出演 TBS《里见八犬传》。在出演软银广告前,海君就有较高的知名度。2007 年,它首次出演软银广告,扮演父亲的角色,一夜爆红。之后,除拍摄软银的系列广告外,海君还担任软银集团赞助的职业棒球队啦啦队长,又"结婚生子"。2014 年 4 月,软银宣布因为年龄原因"海君退休",广告中的角色由海君的儿子"海斗君"继承。海君退休的消息受到日本媒体的高度关注。

2016 年 1 月 1 日推出的 30 秒版本的广告情节很简单,一家四口身着日本传统服装在家里过年。父亲打盹时梦中从美少女的商店收到一个礼物,醒来后发现家里的饭桌上放着这个礼物,父亲对美少女商店念念不忘,妈妈和妹妹则对其嗤之以鼻。最后,广告介绍说这个新春礼品可以在软银店面获得。故事情节很简单、清晰,也契合日本新年的气氛。这个系列的广告基本都是这个风格,每条广告都是一个独立的故事,其中有一些对日本父亲的无伤大雅的挖苦(如好色、爱喝酒),既诙谐,又有爱。

从 2007 年 6 月 1 日首次推出这个系列广告到 2016 年 1 月 1 日为止,软银已经推出数十个各种版本的广告。连续 7 年,这个白狗的系列广告

2016 年 1 月 1 日版本的软银广告截图

第九章 商业活动中的萌力量

占据日本广告综合研究所广告好感度第一位。

当然,这个系列广告经常引发各种讨论,甚至争议。如一些比较极端的日本右翼分子认为,把一个日本家庭的父亲设定成狗,是韩裔日本人孙正义对日本民族的污蔑。但这种声音毕竟是少数,大多数日本民众还是很喜欢这种"萌萌哒"的广告叙事方式,广告整体上是成功的。

机器人传播萌力量

除了用狗做代言人外,软银公司还推出了一款机器人,名为Pepper。Pepper大约1米高,外观为白色,长相可爱。2014年6月,软银公司发布这款针对普通家庭的机器人。10月,日本一些软银店面开始采用这款机器人,用于接待客人。2015年,首批300台机器人开始销售,之后,一些日本银行机构、媒体机构开始使用这款机器人,后又应用到运输业、电力、煤气、医疗、教育等领域。Pepper能识别人类面部表情,可用表情、动作、语言与人类交流,还能照看老人孩子,这些人性化的功能成为其一大卖点。

当然,这款机器人不只是品牌象征,更是一款实实在在的产品。每台机器人本身的售价为19.8万日元,是普通家庭能够接受的价格。通过可

软银广告图片,机器人Pepper和白狗都是软银的重要象征

爱的机器人,软银公司的综合实力得到展现,公司品牌影响力得

到提升。

还有一些企业的机器人并不是为了销售,而是展现企业品牌愿景的。如本田的"阿西莫(ASIMO)"是一台很著名的机器人,不但能跑能走、上下阶梯,还会踢足球、开瓶倒茶倒

本田机器人阿西莫(ASIMO)

水,动作十分灵巧。它还能依据人类的声音、手势等指令,做出相应动作,还具备基本的记忆与辨识能力。这款机器人与软银的机器人不同,其造价十分昂贵,不具备量产的条件,也不进行销售。阿西莫经常出现在展览会等公关活动中,其动作灵活轻巧,十分可爱,每次都会受到广泛关注。通过这台机器人,本田展现了其雄厚的技术实力,这对本田的品牌宣传和品牌活化有很大价值。

2014年5月,一段短视频在中国的微博等新媒体平台疯传。在这段视频中,一名宇航员与一个小小的机器人用日语对话。

——KIROBO君,抱歉我不能带你回到地球。

——没关系,我想是没有足够的空间吧。

——唯一的遗憾是要把你一个人留在这里。

——没事的,我是个机器人呀!

——我先走一步了,我们地球上见。

——等我们回到地球后,再一起聊聊太空吧。

这段视频在全球各国的网络平台广泛传播，很多网友留言说很感动、很心酸。其实，这个小小的机器人就是丰田、东京大学联合开发的机器人"KIROBO"。这是日本宇航员若田光一返回地球前，与KIROBO告别时的画面。这个机器人的名字"KIROBO"源于"Kibo"（在日语里意为"希望"）和"robot"（机器人）。它的外形设计灵感来源于日本著名漫画家手冢治虫笔下的经典动画人物"铁臂阿童木"。KIROBO于2013年被送入太空，陪伴日本宇航员若田光一完成任务。在长达6月的空间站工作期间，KIROBO负责向若田提供各种操作说明并传递来自地面控制室的最新信息，与此同时，研究人员还将验证KIROBO能否给予宇航员感情及精神方面的支持。

KIROBO的程序中植入了大量句子和词汇，有一定的智能功能。被搭话时，它可对语言进行识别，从事先储存的句子中选择

在空间站与宇航员对话的 KIROBO

合适的进行回答。上述宇航员与机器人话别的感人画面，就体现了KIROBO语言方面的强大能力。当人们向KIROBO提问为何要成为机器人宇航员时，它会回答"因为我喜欢宇宙"。在记者会上，它还效仿名人名言机智应答："对我来说是一小步，但对机器人来说却是一大步。"

诚然，企业开发各式各样的机器人，有各种各样的目的。如软银的机器人Pepper既能很好地展现企业的科技实力，也是一款已经量产并进行大范围销售的产品，同时，Pepper还在软银的多

个广告片中扮演角色，成为软银公司品牌传播的重要手段。本田的机器人阿西莫（ASIMO）经过几十年的不断开发和更新换代，具有很灵巧的动作和各种对机器人来说很难达到的能力，但这款机器人没有量产，不进行公开销售，更大程度上是本田高超科技实力的品牌象征。丰田公司与东京大学联合开发的机器人KIROBO的感人对话经过广泛传播，感动无数人，其在太空的活动既有试验的性质，也体现了丰田和东京大学的雄厚科技实力。

这三款机器人都十分可爱，具备很多萌元素。如它们都很小巧，阿西莫身高1.3米，Pepper身高1.2米，KIROBO身高34厘米。它们的动作十分灵巧可爱，阿西莫能完成接近人体的很多动作。它们都有一定的智能功能，Pepper和KIROBO有较强的语言识别和表达能力，有些话语极具人情味。

吉祥物、LOGO中的萌力量

在本书前面的章节中，介绍了区域和高校的吉祥物。这些形态各异的吉祥物是各类主体在开展公关、广告活动时常用的手段。通过吉祥物能够很通俗地讲述品牌故事，树立品牌形象。

在中国，人们最熟悉的企业吉祥物恐怕就是海尔的第一代识别标志，也是就卡通LOGO"海尔兄弟"了。这两个小男孩一个是中国人，一个是外国人。这源于海尔的一段历史。海尔集团的前身是1984年由濒临倒闭的两个集体小厂合并成立的"青岛电冰箱总厂"，该厂于1985年引进德国利勃海尔公司的先进技术和设备，生产出了亚洲第一代"四星级"电冰箱，为体现出双方的

合作,海尔人将产品名称定为"琴岛—利勃海尔",并且以中德儿童为原型设计了海尔兄弟的原型。值得一提的是,1995年,海尔集团投资6000万出品212集的《海尔兄弟》动画,曾经在中国全国热播。动画片有很强的趣味性、知识性,获得了很多奖项。《海尔兄弟》动画片与海尔家电产品一起,进入中国的千家万户。通过动漫这种可爱的传播方式构建品牌形象,是企业萌力量传播的典型案例。海尔可谓是中国早期开展萌力量传播的代表性企业。

与中国的海尔大致相同时期,日本的 NEC 推出集市小猴(Bazar dé Gozarre)卡通形象,极大地促进了品牌活化。1991年末,NEC 推出一只卡通猴子形象,并推出一系列以这只小猴子为主角的广告片。集市小猴的人物设定也很有意思,这只小猴子来自刚果民主共和国,生日是11月10日——NEC 首次通过集市小猴开展活动的日子,喜欢的食物是香蕉。

这些广告片大都15秒,每个广告片都是比较完整的故事。故事通常围绕 NEC 商店的促销信息开展,如介绍店面的赠品、抽奖的奖品等。故事情节围绕这只小猴子展开,小猴子为了去 NEC 的商店领赠品或奖品,总会遇到各种各样的小麻烦,如上扶梯的时候想起来忘带钱包了,慌忙从扶梯上往下走;路上遇到野猪、猛犬等等莫名其妙的情况。小猴子的行为十分可爱,滑稽的表现让人捧腹。后来,有推出集市小猴三兄弟的版本,又衍生出多位家人,包括它的爸爸、妈妈、哥哥、弟弟、爷爷、奶奶、姥爷、姥姥等。

此外,很多周边产品也很惹眼,既有各类布偶,也有三兄弟的歌曲 CD、小画册、书籍等。其中,1994年10月出版的《集市小猴小冒险》发行量超过10万本。

在我们日常常见的品牌中，也有很多是通过可爱形象展现的。如迪斯尼公司早期创造的米老鼠、唐老鸭卡通片取得极大成功的同时，米老鼠、唐老鸭也在一定程度上成为公司的象

集市小猴形象

征和标识，成为产品促销、品牌形象提升的重要手段。麦当劳叔叔、米其林的轮胎人必比登、大嘴猴、薯条三兄弟的可爱薯条形象、不二家的小男孩都是典型的商业萌力量案例。

当前，很多新兴公司更是重视吉祥物建设。如2012年淘宝商城更名为天猫时征集Logo和形象设计，最终选定黑白相间的一只大头猫。

"卖萌"的文化产品

有些企业的产品本身就有很强的可爱元素，如芭比娃娃。芭比娃娃可谓最广为人知、最畅销的玩偶，在全球150多个国家和地区有销售。芭比娃娃大都是按欧美审美风格设计，大都性感、可爱。不过，欧美的审美标准并不是在所有地区都适用，比如日本人可能更喜欢静香玩偶。以《哆啦A梦》中的静香为原型的玩偶，更适合亚洲人的审美。无论是

麦兜

芭比娃娃还是静香玩偶，最大的卖点就是"可爱"。

近年来，一些主打萌元素的文化产品不断涌现，如麦兜。麦兜是香港的卡通萌猪，麦兜系列电影吸引了大量粉丝，最早有2001年的《麦兜故事》，后来还有《麦兜菠萝油王子》（2004年）、《春田花花幼稚园》（2006）、《麦兜响当当》（2009年）、

阿狸

《麦兜当当伴我心》（2012年）、《麦兜我和我妈妈》（2014年）。麦兜的相关产品如漫画和布娃娃等都十分火爆。

近年来，随着网络的快速普及，年轻一代在网络平台创造了很多可爱的形象。阿狸是由清华大学美术学院毕业生徐瀚创作的。这个形象的故事、形象、表情最初都是通过网络传播的，后来衍生出名目繁多的周边产品。

兔斯基与阿狸有很多相似之处，是中国传媒大学2004级学生王卯卯创作的一套动画表情。兔斯基表情有些怪里怪气，两条手臂像面条一般柔软，动作很搞笑。这套动画表情在网上传播，并很快走红。2007年底，摩托罗拉公司看到兔斯基的巨

兔斯基

大商业价值，就邀请其作为摩托罗拉Q8手机的形象大使、代言人。

2015年，一个新的现象吸引了人们的关注：二次元突然火了起来，二次元市场的广阔性被广泛认知。在萌力量的各种萌元素中，"宅男""腐女"的"宅""呆""腹黑"是重要组成部分，动漫、游戏等二次元是萌力量的重要展示平台。二次元文化传播的重要平台A站、B站迅速发展，估值迅速攀升。此外，动漫《十

万个冷笑话》是二次元文化的一个代表，其动画在网上广泛传播，有的点击量在三天就能突破 1000 万。其动漫累计点击量超过 15 亿，完成阅读人次超过 7300 万。2014 年末推出的电影版《十万个冷笑话》票房更是过亿，证明了二次元文化的巨大市场空间。故事中充满幽默、恶搞和无厘头，很好地契合了二次元人群的兴趣。

在网络新媒体平台上，信息传播规律正在发生深刻变化，人们接受信息的逻辑也在发生快速变化。好玩的、可爱的、无厘头的信息会更容易被传播和接受。加之近年来中国动漫和游戏产业的飞速发展，二次元的主力人群 90 后群体陆续走上社会，二次元市场已经成为不可小觑的文化势力。在文化创意领域，萌力量值得挖掘的空间还很大。

在商业活动中，可爱元素的应用很多。除了上述动物代言人、机器人、动漫形象、吉祥物之外，还体现在很多方面。包装和产品设计，也是展现萌力量的重要方式，如很多创意 U 盘的设计十分可爱，也有很多儿童食品无论是包装还是造型都可爱无比。甚至很多企业厂商也在产品外形设计方面下了很多功夫，如长安奔奔、MINI 等都设计得萌态十足，其很多推广活动中打出"卖萌"牌。还有一些企业的萌力量则融入企业理念和企业文化中，通过歌曲、活动、联欢等方式构筑良好的内部公共关系。

第十章

政治传播中的萌力量

政治，往往最为严肃；政治传播，往往最为严谨，不苟言笑。所以，我们以往接触的很多政治传播信息严谨有余，活泼不足。而今，在中国、美国、日本等国家，政治传播过程中也出现了越来越多的卖萌元素，让政治传播趣味性增强。

中国政治传播开启"卖萌"模式

2015年最后一天，中国国家主席习近平的新年贺词中出现了"世界那么大""朋友圈"等网络热词；新年贺词则出现"蛮拼的""点赞"等网络词语，很多网友大赞主席贺词"萌萌哒"。

2014年2月，媒体首次公布了习近平漫画形象，图解"习主席的时间都去哪了"。漫画一经发布，立即成为舆论的焦点。网友惊呼，一向严肃的国家领导人也开始萌起来了。1986年8月15日，《解放日报》刊登过一幅名为《中国牌》的邓小平漫画像。时隔28年，最高领导人的漫画像又一次出现在官方媒体上。之后，网友原创萌漫《大大与足球》也吸引了大量网友的围观。不只是习近平，国务院总理李克强也有多个版本的动漫形象。

2013年10月14日，复兴路上工作室发布《领导人是怎样炼成的》动漫视频，瞬间引爆网络。之后，复兴路上工作室持续发力，先后发布《中国共产党与你一起在路上》《跟着习大大走之博鳌篇》《跟着习大大走之俄罗斯篇》《跟着习大大走之上合·金砖发布会》等短片，紧密配合中国领导人出访等重要活动，进行通俗化、人性化的传播。这些短片不仅有中文版，还有英文版，并在国外进行了公布、推广。

2015年10月，中国国家主席习近平访问了英超曼城俱乐部，曼城球星阿圭罗在个人推特上晒出和习近平主席、卡梅伦首相的自拍。在这张照片中，中英两国领导人表情都十分可爱。

政客萌力量

日本的政党和政治人物十分重视动漫形象的"萌力量"。在全球任何国家，政治人物难免给人刻板、严谨的印象。但日本的政客十分重视通过动漫的形式"柔化"自身形象，吸

印有历任首相漫画头像的点心

引民众关注。究其原因，无非有二。其一，日本这个国家在各个领域都惯用此类手法进行无孔不入的宣传；其二，近年来日本年轻人政治热情低迷，各类选举的投票率很低，为了吸引民众尤其是年轻人参与投票，政客在卖萌传播方面下了很多功夫。

如2007年安倍晋三的第一次首相任期内，为了挽回安倍内阁不断下滑的支持率，日本自民党制造了印有安倍卡通形象的纪念

品。这批纪念品包括水杯、手机链、记事本等。自民党发言人说："我们希望这些东西有助于他的支持率回升。"

2013年3月,在安倍的第二任首相任期内,日本自民党举行了以总裁安倍晋三和党干事长石破茂为主题的漫画造型大赛,札幌市画家高桥玲香获得最优秀奖。高桥设计了身着西装面带微笑、佩戴闪电样式领带的安倍和石破。安倍在颁奖仪式上称:"设计得十分可爱。"不单是自民党,

漫画造型大赛最优秀奖,
左为安倍,右为石破

其他在野党也善用漫画来作为宣传手段。每年的选举有不少传单都是以漫画形式派发的。

一些政客善于通过动漫形象开展宣传。漫画,可以很好地突出政客的外貌特征并进行夸张和放大,使民众能够轻易辨认出他们,同时能够拉近政客与民众的距离。

安倍晋三动漫形象

日本前首相麻生太郎,生活中是个知名的漫画迷。他曾以外相的身份建议日本开展"动漫外交",通过推广日本的漫画书和动画片,宣传日本文化,树立国家形象。因此,年轻漫画迷对麻

生钟爱有加。麻生太郎以漫画为媒介，拉近了自己作为一个政客与普通民众之间的距离，也赢得了大量的青年漫画迷的支持。他任职期间，在东京街头，很多商店员工头戴麻生太郎的面具吸引游客光顾，并贩卖他的造型玩偶。

麻生太郎动漫形象

政客萌力量还体现在其私人生活的合理展示上。美国前总统奥巴马就是展现萌力量的高手。有美国学者指出，在竞选过程中，家人和宠物是总统候选人的杀手锏，屡试不爽。广告行业的著名3B法则与此有相同之处，认为通过Beauty（美女）、Baby（婴儿）或Beast（动物）最容易打动受众。这也与本书所论述的萌力量相吻合，通过动物、孩子、家人，往往能最大限度地拉近距离。首先，奥巴马很善于通过宠物拉近与民众的距离。他的宠物狗"波"一度是奥巴马竞选总统过程中的关键角色，筹款、竞选演讲、竞选广告，都有它的影子。其次，奥巴马的孩子和其他儿童，也成为其展现萌力量的重要手段。奥巴马有两个女儿，他曾给女儿写公开信，也曾通过第一夫人米歇尔在白宫设"儿童国宴"，邀请8～12岁的儿童参加。

奥巴马与他的宠物狗

2015年7月,奥巴马出现在白宫的儿童国宴上①

政党萌力量

如前所述,当前日本民众对政治的热情不高,各类选举的投票率低下。据日本总务省统计,2014年12月的第47次众议院议员总选举中,全国投票率为52.66%,其中年轻人投票率尤其低,

---

① 来源:http://edu.163.com/15/0712/10/AUAMQG1800294IIK.html。

20～29岁的投票率仅为32.58％，30～39岁的投票率为42.09％。在这种背景下，引导和鼓励更多的年轻人投票成为当务之急。日本各政党、各层级的选举管理委员会都积极通过卖萌的方式，吸引年轻人关注。如2010年福岛县第19次知事选举过程中，福岛县选举管理委员会就发布了卖萌美少女版本的海报，海报中的广告语就是："去投票选举吧！"这类海报在日本各地、各层级的选举宣传中非常普遍。

2010年福岛县选举管理委员会发布的海报，号召大家前去投票

在网络影响力扩大和年轻人投票率低的双重背景下，日本于2013年解禁了网络选举，以期能够提高投票率。在网络选举解禁后，很多政党更加重视通过网络开展政治传播活动，尤其是卖萌传播活动。如日本共产党在网络选举解禁后，成立了日本共产党特命公共关系部"扩散部"（"扩散"意为"传播"），定位是"传播正确的政策，扩散快乐的政治"，希望那些觉得政治深奥难懂的家庭主妇、觉得政治无聊的年轻人都能更加关心政治，享受政治的乐趣。

第十章 政治传播中的萌力量

这个扩散部的成员由 8 名动漫人物组成，部长是贺来三四郎，在日语中，这个名字读起来有"扩散"的发音。他热情四射，热衷于"扩散"（传播），手里一直拿着扩音器，甚至发型都是扩音器的形状。另外 7 名成员分别为负责冲绳、反对 TPP、减税、育儿与教育、宪法、就业、反核电的负责人。各动漫人物的形象设计与其负责的宣传领域紧密相关，如负责育儿与教育的动漫形象是一位家庭主妇，负责反核电宣传的则是太阳的形象，寓意发展太阳能发电，反对发展核电。

日本共产党的这个扩散部成立之后，各方给予了正面评价。民主党的推特"民主君"甚至发文称："某政党的扩散部，搞得我有点羡慕。民主君也希望有这样一起奋斗的伙伴。"不少主流媒体对日本共产党的这个举动也进行了关注。据每日新闻与立命馆大学的共同研究结果，在第 23 次参议院选举的网络选举中，日本共产党的网络宣传发挥了有效作用。

日本共产党原本没有计划发行扩散部动漫形象的周边产品，只是为党员干部们做了一些印有扩散部动漫形象的 T 恤。没想到，在选举过程中，扩散部的反响很好，很多民众反映想得到这个系列的 T 恤。于是，日本共产党追加制作了 T 恤和文件夹，每件 T 恤售价 1300 日元，每个文件夹 350 日元。

在"萌力量"方面努力做为的，不只是日本共产党。2015 年 3 月，日本公明党代表山口那津男在记者会上宣布推出动漫形象"米助"。其实，这是公明党青年委员会的吉祥物形象，早在 2012 年 9 月就有了。这个吉祥物是为了吸引民众的关注，塑造的亲民形象。由于大米是日本人的主食，而且在日语中"公明"二字的发音与"米"的发音相似，所以公明党以大米为原型设计了米助形象。第一批推出的周边产品也十分简单，只是印有米助形象的

3种记事本和5种便签纸,每套便签纸(5种)和每套记事本(3本)定价都是259日元。原计划发行100套,但预订者大大超出预想,超过了

5000人。后来,公明党又推出了挂件等周边产品。

米助有一个完整的家庭,共5人。米助是主人公,有很强的正义感,是刚进入社会的年轻人,平时进行社会和政治方面的学习,有时也会随父亲一起出差。不管遭受多大的打击,只要吃了白米饭,就会满血复活。米助的爸爸叫米吉,另外还有米助的妈妈、米助的妹妹米子、米助的奶奶。

日本公明党的"米助"挂件

借助这个家庭的5位虚拟成员,公明党推出一系列动漫短片,通过有趣的故事植入公明党的主张和政策,涉及公立中小学的建筑耐震性、企业招聘时的信息公开、乳腺癌的免费检测、奖学金制度等方面的政策主张。这些视频在公明党主页和YouTube上都可浏览。截至2015年底,公明党共发布9条短视频,浏览量都达数千次。

上文提及的"民主君"是日本民主党的吉祥物。早在2007年,民主党的一些地方议员根据党的Logo设计出了民主君的形

象，主要目的是为了吸引年轻人的关注，提高民主党的亲和力。这时，民主党总部并不知道这个吉祥物，所以只能算是非官方吉祥物。2009年，民主君终于获得民主党青年局的认定，

"民主君"在为海江田万里街头竞选演讲助威

正式转正成为官方吉祥物，开始在各地街头，支持民主党党员的选举活动。民主君在YouTube和推特平台十分活跃，在网络平台也大胆泼辣地使用网络语言，非常吸引眼球。2016年3月，民主党与日本维新党合并组成新的政党，取名"民进党"。这样，"民进党"就不复存在了，"民主君"的去向一度受到关注。随后，民进党宣布"民主君"退役，并为民进党公开募集新的吉祥物方案。

政府萌力量

日本政府机构注重通过动漫等"卖萌"手法改善官民关系。众所周知，很多政府文件往往冗长、枯燥、乏味，民众往往敬而远之。为了让民众更好地理解政府的政策，日本各类行政机构都非常善于运用漫画手法来进行传播和沟通。

日本的很多政府网站专门设有儿童版。如首相官邸、外务省都设有专门针对儿童的网页，通过漫画和动漫的方式告诉孩子这些政府部门的基本信息。日本普通版的官网首页与我们平时所见

的政府官网差不多，而儿童版相对而言颜色更为鲜艳，能吸引儿童的注意，首页上的字更少，并配有很可爱的漫画形象，这些也都是迎合了儿童的阅读规律，让孩子能有兴趣了解政府的结构、政策等等，培养他们的公民意识。

首相官邸儿童版日文网页（截图于 2015 年 12 月 31 日）

首相官邸儿童版中文网页（截图于 2015 年 12 月 31 日）

首相官邸的儿童版还专门设有中文版。首相官邸的儿童版设有三个动漫形象,担任讲解工作的是"猫头鹰博士"。网页对这个角色的定位如下:它总是出没于日本国首相官邸,在守护着日本的同时也时刻守护着在官邸里辛勤工作的人们。由于已经在世上活了许多个年头,所以它对于日本的历史无所不知,对官邸中所发生的事情也无所不知。也因它从不自报家门,所以无人知晓其本名,但大家都尊称他为猫头鹰博士。另外它还有两个孩子,男孩叫小翼,女孩叫美羽。网页对这两个角色定位如下:在新官邸建造完成之时出生的孩子们。两个孩子都是淘气包,对任何事情都充满了好奇心。猫头鹰博士教给了他们许多知识,所以两人都非常喜欢博士。他俩会代替大家向猫头鹰博士提问。

首相官邸的儿童版通过上述三个动漫形象讲解日本政治结构,包括如何成为总理大臣,总理大臣的工作,什么叫三权分立等。网站设有"致老师与家长"页面,介绍了儿童版的定位:"本站以中小学生为受众,目的在于使其加深对日本国首相官邸的兴趣及理解。为了使孩子们轻松愉快地展开学习,我们启用动画角色猫头鹰博士,形成了猫头鹰博士与孩子们一同学习掌握关于首相官邸及内阁府工作内容的教学体系。"①

日本外务省网站也设有专门针对儿童的"KIDS外务省"页面,宣传日本的外交政策。其中还有一些涉及世界地理的"儿童外交官级别考试"等。还有一些政府部门的特定职位干脆让某个动漫形象来承担,以此吸引民众关注,柔化官民关系。

"KIDS外务省"页面内容十分丰富,包括"Kids外交官知识"、日本大地震时全球各国对日本的援助情况、外务省的主要

---

① http://www.kantei.go.jp/cn/kids/index.htm.l.

工作、世界主要国家、世界各国的国旗的相关知识等等。该页面有多个虚拟的动漫形象，贯穿整个"KIDS外务省"页面的两位学生，分别是初中一年级的男生，名字叫翔，特别喜欢足球；女生名叫未来，是翔的同班同学。在外务省相关工作的页面，有两位外务省职员的虚拟动漫形象负责介绍，男性为小田力，是阿拉伯语的专家，在领事局工作；女性为海渡彩，刚结束在非洲的工作回国，在国际合作局工作。负责介绍外务省的是樱和富士丸。樱为女性，以樱花为原型设计；富士丸为男性，以富士山为原型设计。

日本外务省网站儿童版（截图于 2015 年 12 月 31 日）

除了针对儿童的"萌萌哒"网页外，日本各类政府机构还在政策的通俗化传达方面下了不少功夫。如在政策传达过程中，注重通过通俗语言、网络语言、儿童语言来进行传播，还有不少政府部门在发布正规版的政策文件的同时，也发布漫画版本的解释性文件，让儿童、老人、家庭主妇等各类、各阶层民众都有兴趣接触,都能看得懂。众所周知,年金等政策的规定十分繁杂,一般民众很难搞清楚。日本厚生劳动省推出系列漫画,通过丰富的人物形象、有趣的故事情节,巧妙植入各类政策知识,增进了民众对政策的了解,也化解了一些民众对政策的误解。这个系列漫画涵盖了"年金的意义""年金制度""年金的财政来源""人口与经济"等。在这个系列漫画中,主角是社会保险劳务士,名叫"年金子"。在第一集中,她来到隔壁的家庭,发现这一家人对年金制度有很多误解:55 岁的父亲担心"财源不足,今后年金是不是会没有了"? 25 岁的长女是公务员,她觉得"年金就像自己存钱一样"。19 岁的次女正在上大学,她觉得"在参加工作之前没有必要缴纳年金"。对这一系列误解,年金子给予了详尽解答,纠正了大家对年金制度的误解。①

厚生劳动省年金相关动漫截屏

---

① 厚生劳动省网站,http://www.mhlw.go.jp/nenkinkenshou/introduction/index.html。

此外，日本一些政府机构还充分利用一些知名动漫形象，开展宣传推广活动。2008年3月19日，日本外相亲自宣告日本著名动漫形象"哆啦A梦"（机器猫）成为日本第一任"动漫文化大使"，向世界各地的人们介绍日本的风土人情。还有一些地方任命动物担任一定政府职务，如前文介绍的滋贺县湖南市的猫市长。川崎市政府则积极请哆啦A梦成川崎市特别居民，很萌很可爱。2012年9月3日，日本川崎市政府将哆啦A梦登记为"特别居民"，并向感兴趣的人免费发放"特别居民证"。哆啦A梦是来自22世纪的机器人，生日为2112年9月3日。当天正好是它诞生前100周年。特别居民证上印有哆啦A梦的画像，除个人档案、身高体重等信息外，还写有家人"野比大雄"、妹妹"哆啦美"等。哆啦A梦最喜爱的食物是铜锣烧、讨厌老鼠等信息也写在了居民证上。

川崎市政府颁发给哆啦A梦的特别居民证（图片来源：共同社）

社交媒体中，很多政府机构或国际组织也善于卖萌。如2013

年 7 月 1 日联合国在官方微博发布:"缴费啦!2013 年已经过半,需要算算账了。截至 6 月 19 日,联合国 193 个会员国中有 102 个国家全部缴纳了今年的年度预算摊款。其中包括五常中的中国、英国、法国和俄罗斯以及缴费大户日本、德国和意大利。尚未缴费的亲要赶紧啦!"这条微博一经发出,就引来网友疯狂转发和评论,很多网友评论:"联合国大人在卖萌,有木有?"

2014 年 4 月 1 日,联合国官方微博发布一段卖萌视频,秘书长潘基文召开新闻发布会,任命美国著名影星、前加州州长阿诺·施瓦辛格为联合国首位外星大使,负责接待外星人。整个过程充满搞笑、卖萌和无厘头的元素。这条微博在新浪微博获得过万的转发量。

此外,一些国家的驻华大使馆也在中国纷纷开通微博,除日常信息发布外,也经常卖个萌吸引关注。如 2013 年 12 月,英国首相卡梅伦访华期间,英国大使馆的微博发布一系列卖萌好玩的信息,引起广泛关注。很多微博内容完全没有一本正经的外交用语:"所有人,包括首相、财政大臣、商业大臣、气候变化大臣、教育大臣,以及英国商业代表团,现在全都在参加中英峰会。要谈好几个小时……内容保密了,嘿嘿。"

在政府传播层面,吉祥物同样是萌力量的重要体现。在吉祥物的章节,本书较为详细地介绍了一些地方政府借助吉祥物开展区域传播、旅游传播的案例。吉祥物不是设计出来就完事了,还要不断策划并推出有创意、好玩、吸引眼球的活动。鹿儿岛县吉祥物的"政治联姻"就是一个很好的案例。2014年3月,日本鹿儿岛县的吉祥物 Greboo 与恋人 Sakura 举行了"结婚仪式",当地居民约5000人参加了婚礼并送上祝福。鹿儿岛县知事担任证婚人,Greboo 和 Sakura 还交换了戒指、发誓、接吻。该县的观光部门表示"接下来敬请期待宝宝的诞生"。从2013年开始,该县精心筹划的两吉祥物的"政治联姻"引起全国关注,为此还举办了约有80个吉祥物参加的招待仪式。① 本书在前面的章节中也曾介绍,奈良县葛城市的吉祥物和东京都墨田区押业商店街的吉祥物曾在公园"秘密约会",也吸引了人们的关注。

吉祥物的"政治联姻"

---

① http://japan.people.com.cn/n/2014/0317/c35467-24653040.html。

第十章 政治传播中的萌力量

在新媒体环境下，比起文字，人们更喜欢可爱、卖萌、调皮等提供信息的方式。无论是在哪个国家，政治传播都有不妨借力动漫、吉祥物，开展萌力量传播。

第十一章

作为治愈系的可爱传播

人通常是孤独的,有时很脆弱。人们的心理需要各类情感的呵护,比如亲情、友情、爱情;人们的心灵需要各类信条的庇佑,比如宗教、道德。在另一个层面,"萌"或"可爱"或许已经在呵护人们心灵和心理方面发挥重要作用,给受伤的心灵一些治愈,给重压的心理一丝轻松。夏威夷大学马诺阿分校人类学教授克里斯廷·矢野认为,"萌"或"可爱"填补了人们的情感需要。在一个社会中,那些能够促进"幸福""慰藉""安慰"的事物占据有它们的一席之地,在当前"共情断裂"的社会中,人们需要从其熟悉之物中找寻安慰的时候,"萌"就出现了。①"萌"或"可爱"的事物通常会让人会心微笑,而熊本熊等吉祥物更是在行为举止、性格设定等方面充满幽默感。在《治愈的力量》一书中,克莱恩宣城医学与科学研究已经证实幽默感及"正向态度"能助人抵抗生理失调。甚至有的研究证明幽默能增强免疫系统,对健康有益。有的研究则认为正向幽默能够"促进爱、疗愈以及

---

① The new science of cute,https://www.theguardian.com/world/2016/jul/19/kumamon-the-new-science-of-cute。

创造力"。①

日本：需要救赎的自杀大国

在战争片中，我们经常看到日本官兵切腹自杀的场景，这已经足以让我们认识到日本人的自杀传统。日本文化是典型的耻感文化，群体规范的约束力和群体压力的影响远远超出外人的想象。在这种文化模式的熏陶下，每个个体都生活在巨大的压力下，不论是公司职员还是政府官员，每当发生丑闻时，日本人为了承担责任赎罪悔过，常常会选择消灭自我。日本不少官员选择自杀，也受此影响，不少是为了以死谢罪。

2011年9月，日本北海道铁路公司社长中岛尚俊因所辖路段的铁路发生重大事故而跳海自杀。此前，在其辖区内，一辆高速列车在山区隧道内出轨，列车后三节车厢出轨后起火，火势在短时间内蔓延至前三节车厢，列车全部6节车厢完全烧毁，事故没有造成人员死亡。在其后的整顿过程中，其管辖内的铁路频繁出现状况，最终让这位社长选择了跳海自杀谢罪抵责。2005年，爱知县西春町町长上野政夫疑因工作不顺而自杀。2005年，静冈县藤枝市体育振兴课课长冈村修自杀，自杀前一个月他的加班时间超过200小时。2005年，自民党众议院议员永冈洋治因日本邮政民营化法案与同党议员意见相背，在家上吊自杀。2006年，日本伊势市市长加藤光德疑因市政问题而上吊自杀。

日本是一个自杀大国，让人窒息的压力成为人们自杀的头号杀手，一个人即便不选择自杀，也许还会被过劳死、抑郁症盯

---

① Michael Billig 著：《笑声与嘲弄：幽默的社会批判》，郑郁欣译，韦伯文化国际出版有限公司，2009年2月。

上。日本人日常生活中，虽有不少佛教因素，但真正信仰宗教的日本人的比例其实并不高。很多时候，人们压力巨大，心灵却无处安放。这种无处不在的压力，让日本人抓住一切机会寻求被治愈、被救赎。

社会戾气的消解

当前，全球各地，弥漫在民众中的戾气引发关注。社会相对比较安定的日本出现了东京秋叶原街头杀人事件：2008年，25岁的日本男性因厌世情绪，在秋叶原街头疯狂砍人，造成7死10伤。被捕后他表明犯案动机为"对生活感到苦闷、厌世，来秋叶原是为了杀人，任谁都可以"。这个事件，让很多中国人了解了一个词：无差别杀人。"无差别杀人"这个词汇源自日本，在无差别杀人事件中，杀人凶手往往选择人群密集区域，通过威胁或夺取他人生命，达到引发关注、泄愤等目的。他们往往位居社会边缘，因为人生挫败，感觉遭社会孤立，因而内心逐渐倾斜。他们有的受到不公正待遇，投诉无门；有的则因性格扭曲，加之社会压力的刺激，从而采取极端行动。

2015年6月30日，一列由东京开往新大阪的新干线列车内发生自焚事件。针对这起纵火案，媒体采访了纵火嫌疑人的邻居并获悉，嫌疑人曾多次向周围的人流露出对养老金领取金额不满，称"无法生活"。这件事情也同样震惊日本社会。

有分析指出，日本社会贫富差距拉大，必然带来个人情绪上的不满，在这种背景下他们会采取一些极端手段对社会进行报复。这些犯罪嫌疑人大多在20～40岁之间，很多是宅男，常常窝在家中而且沉溺暴力的动画、游戏，脑子里是一个虚幻的世界，性格上也十分古怪。有的人在被捕以后被问及为什么要这么做，

第十一章 作为治愈系的可爱传播

回答就是玩过太多游戏要体验体验这种现实的快感。其他则是有前科或者刑满释放的人员,他们回到社会以后没有一种新的生活途径,身边没有恋人、朋友,甚至连亲人也疏远自己,他们就会想通过极端手段报复社会,用暴力来解决问题。①

不论是中国还是日本,一定程度上存在的社会戾气是一种典型的"负能量",需要社会正能量进行疏导和化解。"治愈系"这个词源于日本,与动漫等萌力量传播有千丝万缕的联系。治愈系信息能够让人得到安慰,变得平静,在化解社会戾气方面值得深入研究、大力推广。

"治愈系"是什么?

治愈系这个词来源于日本。所谓"治愈",是指能够给人心理上以安慰的能力和属性。在20世纪80年代的日本社会,治愈的意思与现在不太相同,主要是一个宗教用语,是指通过占卜、巫术等方式给人治病。到了20世纪90年代,随着人们生活节奏的加快和生活压力的增大,尤其是经济泡沫的破灭给人们带来巨大的不安,治愈的意思也在逐渐发生改变,有一些人因特定原因被社会孤立,治愈就是让这些被孤立的人重新回到社会中来。当时的日本社会出现了一批此类的音乐、舞蹈等。

当前,治愈主要是指平缓人们过度紧张的情绪、减轻心理压力,甚至缓解抑郁症和自杀倾向等。起初,能起到"治愈"作用的包括女演员、女平面模特、女艺人等。她们中的一部分人能够让经济不景气下的人们得到安慰与宽慰。如著名女演员饭岛直子以表演中温柔不造作的风格而受到观众的喜爱,成为人们心目中

---

① http://china.cnr.cn/guantianxia/201302/t20130205_511927871.shtml。

的"女神"。进入 21 世纪后，一些"暖男"型的男演员、男歌手甚至学者、政客也被纳入能起到"治愈"作用的范围。当然，这些暖男往往出现在专门针对女性的杂志中，给焦躁不安的女性带来安慰。他们不一定是女性喜欢的恋爱对象那类人，但接触与他们相关的信息会让人感到平和、安心，有时会有心动的感觉。

日常的治愈系传播

笔者在日本雅虎用日语搜索"治愈系"时，显示出来的联想词语包括"治愈系女子""治愈系女星""治愈系男子""治愈系女朋友""治愈系视频""治愈系音乐"等。可见，在日常生活中，"治愈系"成为经常出现的一个要素。辛苦一天的白领，晚上回家后希望通过治愈系信息来放松一整天紧张的神经。所谓"治愈系信息"，既可以是纯情的美少女画册，也可能是明星演的温馨电视剧，也可能是笑星的搞笑视频。

关注日本电视节目的人很容易发现，日本电视节目中搞笑类节目（包括整人节目）、美食类节目比例相当高，这些节目都有利于消解受众白天积累的压力，也带有一些治愈系的色彩。

另外，一些女生希望修炼成治愈系女子，以吸引男性的喜爱，日本网上甚至出现点击量很高的帖子《男性喜欢的治愈系女子的五个特征》，指出男性都希望"被治愈"，女生应该加强治愈系修炼。

在日常生活中，除了上述典型的治愈系信息之外，还有一些也带有治愈系的色彩，如日本式的贴心服务。日本服务行业的服务态度和服务质量在全球都位居前列。航空、酒店、餐饮、超市，无论是奢侈消费还是百姓生活，各行各业的服务人员都通过微笑和无微不至的贴心服务，构建了良好的消费关系，让社会中的戾气没有蔓延的空间，也让社会更为和谐。日本新干线和航空服务质量在全球名列前茅。新干线和机舱内封闭狭窄的环境很容易让人变得焦虑易怒，提供贴心服务尤其重要。日本新干线和航空业的准点率和安全系数都很高，同时乘务人员也通过细致服务，让乘客度过愉快的旅程。日本空姐更是整个行业的楷模，不仅形象漂亮，而且注重细节，服务意识和服务水准都相当高。

不仅在交通服务上，日本的整个服务行业都在尽可能做到尽善尽美，有时甚至让我们觉得很夸张，但着实令人很享受。

首先，笑容是必杀技，餐馆、酒店、商场，几乎每个接触到的服务人员都会露出微笑，笑脸相迎笑脸相送。除了礼貌、微笑这些最表象的东西，日本人的服务更多体现在细节上，往往能设身处地从客人的需求出发，挖掘出超乎预期的惊喜。笔者去吃饭，进去时脱下的鞋有时凌乱在门口，出来却发现已经都被服务员头朝外整齐地摆放好了，穿起来就很方便。

其次，温暖、耐心的服务让顾客不急不躁。在日本排队购买东西时，服务员一定会对排在队伍后面的顾客用尊敬语说"请您稍等""让您久等了"，让顾客感到非常温暖。相比之下，在国内很多超市、商场中，营业员接过东西就直接刷码，很少和顾客交流。银行、医院等很多行业工作人员态度虽可做到礼貌，却常常少了些人情味，有时也会出现不耐烦的情况。顾客不耐烦、提供服务者也不耐烦，双方的不耐烦就很容易酿成一场冲突。

在日本这个岛国上，在有限的空间、有限的资源条件下，几千年来人们相互之间形成了一种"相互治愈"的习惯，这也算是一种共生共荣的共同体吧。

危机时期的治愈系传播

人在日常的生活与工作中,总会遇到各种各样的危机;社会在发展过程中,也会出现纷繁复杂的危机。危机处理不好,就会演化为社会戾气。无论是用火锅热汤泼孕妇的服务员,还是点燃公交车的陈水总,在事发前他们个人生活都出现了危机,而这种危机若没有被很好地疏导与化解,在遇到外界刺激时,就很容易演化为极端行为。社会危机的影响范围更大,在地震、洪水、战乱等社会危机发生后,相关地区的民众在心理上会发生变化。心理问题严重的,需要进行专业的心理干预。也有一些人的心理问题也许看上去并不严重,甚至自己都不一定能感觉到自己心理发生了怎样的变化,而实际上他们也需要心理安慰。这时,治愈系的信息传播就十分必要。

近年来,在包括中国在内的很多国家,地震等重大自然灾害频发,如2008年的四川汶川大地震、2011年"3·11"东日本大地震等。大地震的发生,不仅会夺去大量生命,还会对

"3·11"东日本大地震后,在废墟上的日本女孩(图片来源:中新网)

灾区和周边民众的心理产生巨大冲击。各个国家在震后都会采用各种方式疏导民众心理,如2008年四川汶川大地震后,中国舆论场中让人"飙泪"的感动式传播,对抗震救灾和提升中国人民的

第十一章　作为治愈系的可爱传播

凝聚力起到巨大作用。1995年的日本阪神大地震和2011年的"3·11"东日本大地震后，日本的治愈系传播实践在疏导民众心理、安抚灾民方面取得很好的效果。这种治愈系传播当然不能代替专业的心理干预，但对传播正能量和引导积极正面的舆论颇有借鉴意义。

所谓治愈系，多指那些节奏缓慢、温暖人心、净化心灵，在伤心时能从中得到慰藉的事物。近些年来，"治愈系明星""治愈系音乐""治愈系动画""治愈系漫画"都经常受到人们的关注。这里所说的震后治愈系传播，主要是在地震发生后，通过音乐、漫画、明星等渠道，修补灾民的心灵创伤，给灾民力量，给整个社会带来正能量的信息传播方式。1995年的日本阪神大地震和2011年的"3·11"东日本大地震后，治愈系传播在日本得到一定程度的实践。

阪神大地震后的治愈系传播

1995年1月17日清晨发生的7.3级大地震，夺走日本超过6000人的生命。在地震等重大灾难发生后，政府的作用当然很重要，抗震救灾的主要工作都需要政府承担。但政府能做的也有限，日本共同社的民意调查结果显示，仅四成灾民认为自己的生活状况已经完全恢复，54%的调查对象认为没有获得地方政府的援助或援助不够。与此形成对比的是，歌星、作家、漫画家等民间力量，在震后都自发地传递正能量，开展治愈系信息传播，温暖人心，给人力量。

1995年阪神大地震是日本非政府组织（NGO）成长的里程碑，在日本救灾史上被称为"志愿者元年"。在阪神大地震后，民间力量在地震救援、灾区重建、灾民心理安抚方面发挥了重要作用。政府、教会、演艺界人士都在治愈系传播的不同侧面发挥了作用，甚至黑社会组织也加入到抗震救灾的行列中。

首先，政府和企业联手举办大型追思活动，能起到震后心理安抚的作用。由当地观光机构和企业联合举办的神户夜光节从1995年开始，每年12月举办。活动的主旨是为了安抚震灾中逝去的亡灵，寄托城市复兴的希望，让未来能够继续传达震灾的记忆。神户夜光节已经成为当地一张名片，形成了神户冬天特有的风景画，其他府县也会有很多人赶来观赏。2015年1月17日，日本举办纪念活动，悼念20年前阪神大地震的遇害者。在神户市的兵库县公馆，日本天皇明仁和皇后美智子与部分遇难者亲属一起参加悼念仪式。这是日本天皇夫妇继2005年后再次参加阪神地震遇难者悼念仪式。

其次，宗教和教堂的力量得到发挥。在1995年的阪神大地震中，很多教堂和教会被损毁。日本建筑师坂茂在神户搭建起了纸教堂（Paper Dome）。这个纸教堂用58根特制的纸管做主结构，便于拆卸、移动、重建。随后几年中，这个面积170平方米的空间，见证了许多居民集会、电影放映会、演唱会、教会弥撒、结婚典礼，成为阪神大地震灾区重建的重要精神象征。2005年，这个纸教堂迁到台湾南投县，并于2014年荣获普立兹克建筑奖。

第三，演艺界人士的活动较为持久。1995年阪神大地震发生后，Jonny's事务所旗下三个当红偶像团体TOKIO、V6、KinKi Kids于1997年12月成立组合"J－FRIENDS"，为慈善义演团体。其作品《听见明天》《Children's Holiday》等都含有鼓励灾民和呼吁捐助的内容，其中，《Children's Holiday》由迈克尔·杰克逊特别创作并担任制作人。"J－FRIENDS"的演唱会、CD、周边商品等收入都会捐给灾区小学生。在受灾小学生义务教育完成后,阶段性任务达成,这个组合也于 2003 年 3 月解散。

第四,通过可爱动物开展治愈系宣传。很多日本人喜欢可爱的动物,通过动物开展的"治愈""卖萌"宣传可谓种类繁多、丰富多彩。小狗、小猫、猴子、山羊均成为地方政府和各类企业开展宣传的重要借力对象。大震大灾后,可爱动物同样可以发挥治愈作用。熊猫曾经给日本阪神大地震灾区带去慰藉。2000 年,为支援阪神大地震灾后重建,中方应神户市的请求向其租借 2 只大熊猫,经公开征集更名为"兴兴"和"旦旦",寓含阪神大地震复兴之意。大熊猫为阪神大地震时心灵受到创伤的人们带去慰藉。

"3·11"大地震后的治愈系传播

2011 年的东日本大地震的震级达 9.0 级,遇难和失踪者超过 1.8 万。这不是单纯的地震,大多数人的遇难是因为地震引发的海啸。此外,地震和海啸造成福岛核电站泄漏,给民众心理带来较为长期的影响。

首先,与 1995 年的阪神大地震相同,通过演艺界人士传递"正能量"的做法十分普遍。日本著名女演员藤原纪香是重灾区兵库县人,亲身经历了当时的大地震。地震 20 周年之际,她走上日本 NHK 的屏幕讲述地震后的心路历程。她还专门成立了追悼罹难者的组织,在 2011 年的"3·11"大地震后,也曾投入到帮助受灾地的重建工作中去,鼓励更多的人。日本著名女星户田惠梨香是也重灾区兵库县人,地震发生时,她才六岁。她在媒体上坦言,疼爱自己的叔叔阿姨们突然遇难,对她打击很大,让她认识了地震。地震让她更坚强地活下去。著名音乐人菅野洋子为地震创作了一首感人的歌曲《你要活着,你要平安》,得到广泛传播。

其次，与1995年的阪神大地震显著不同，在"3·11"大地震后，漫画家也成为治愈系传播的主力军。在2011年的"3·11"大地震后，曾经创作了《灌篮高手》《浪客行》等多部知名漫画的井上雄彦在自己的推特上接连发表速写系列漫画《smile》，鼓励日本民众拿出勇气。漫画家鸟山明在"3·11"大地震后通过《周刊少年》发布一张鼓励日本受灾群众的画作，鼓励灾民永不放弃，度过难关。此后，由14位漫画家合作的《地震你这混球！！漫画家力所能及之作战》以各色风格描绘了对灾区人民的祝福，希望通过漫画为灾民带来力量。福岛核电站出现危机后，日本动漫界通过制作动画视频来向孩子们解释核危机，受到多个国家的媒体关注。在这段四分半钟的视频中，核电站化身成名为"核男孩"的患病男童。通过男童身体不适来说明核电站的问题和危机，使问题一目了然、浅显易懂，普及了复杂知识，对缓和人们的恐慌情绪起到一定作用。

第三，与1995年的阪神大地震相同，动物和植物也成为开展治愈系传播的重要参与者。"3·11"大地震后，位于仙台市的日本动物支援协会从新潟县的羊驼村借来5只羊驼，这些羊驼凭借"柔软蓬松的驼毛具有治愈效果"而大受欢迎。与动物一样，植物也成为传播正能量的载体。由于向日葵可以吸收土壤中的铯，广岛县民众想到"向日葵娘家项目"，2011年夏季收集向日葵种子并在网络上征集愿意种植向日葵的"娘家"。项目参与者在种植向日葵的同时，还不断传播自己的种植感受，给灾民带来勇气和鼓励。

当然，政府主办的大型追思和纪念活动也没有缺席。2015年3月11日，日本多地举行"3·11大地震"4周年纪念活动，举办了形式多样的悼念仪式,首相安倍晋三及日本天皇夫妇出席了一些核心活动。

日本是一个地震频发的国家。2016年,熊本熊的故乡熊本县也发生了较为严重的地震,前文对熊本熊在这次地震中的作为进行了考察。尤其是在灾民心理疏导方面,熊本熊发挥了一定作用。在地震灾区,受灾的孩子与熊本熊拥抱、合影的照片,对灾民的心理无疑是一种鼓励和安慰。

总结与借鉴

由于地理位置等自然因素,日本火山、地震、海啸等自然灾害频发,而在每次灾后,安抚民心则成了需要解决的重大问题。灾难后,人们的心理十分脆弱,既有悲痛、绝望、痛苦、内疚、焦虑、恐慌等负面情绪,也有感动等正面情绪。在安抚民心措施中,带有卖萌或治愈色彩的信息以其独特的力量成为温暖人们的心灵鸡汤,这类萌力量不仅传达出对灾区人民深切的关怀,更激励无数人走出灾难的阴影,走向新的人生。

首先,震后治愈系传播中民间力量得到彰显。如上所述,1995年阪神大地震在日本救灾史上被称为"志愿者元年"。演艺界人士、漫画家、文学家、教会、志愿者都成为传递正能量、开展治愈系传播的组成部分。比较1995年的阪神大地震和2011年的"3·11"大地震可以发现,漫画家加入社交媒体开展的治愈系传播队伍尤其引人关注。

其次,日本震后治愈系传播手段多样。大震大灾后,人们的内心会受到不同程度的冲击,严重的还会有患心理疾病的危险。单一方式的传播所能影响的群体总是有限的。日本的治愈系传播手段多样,既有漫画、歌曲、小说等文艺作品,也有政府举办的大型活动。

第三，日本震后治愈系传播充满人情味。这种人情味尤其体现在通过动物和动漫的治愈系传播上，这与日本的萌力量密切相关。国家、地方政府、企业、高校等各类机构和组织，都注重挖掘柔性、可爱的内容进行传播。大地震让很多生命骤然消逝，在人们泪流满面时，总有一些力量能触及人们内心最柔软的地方，让人平复伤感，这就是灾难传播中萌力量的运用。

中国也是一个地震多发的国家。2015年1月19日，习近平在考察鲁甸地震灾区时说："地震是一次考验。"地震既是对防灾救灾能力的考验，更是对人心的考验；既是对看得见的救灾物资的考验，更是对看不见的心理治愈的考验。日本在大震后治愈系传播方面的一些实践虽然没有形成体系，但能给我们些许启发。

第十二章

中国"可爱传播"的受众与媒介环境

当前,中国社会处于转型期、社会矛盾凸显期。不同区域、不同行业、不同阶层之间,政府与民众之间的有效沟通十分重要。沟通不足容易造成误解、偏见,甚至直接酿成社会群体性事件,反过来又恶化社会心态,造成恶性循环。准确把握当前社会心态和情绪十分重要,社会心态和社会情绪问题越来越受到重视。

我们在努力传播正能量、报道暖新闻。但不可否认,社会负面情绪在一定范围还依然存在,其中,急躁、愤怒、忧虑就是当前中国社会负面心态的几个典型代表。社会心态问题已经引起国家层面的高度重视。2006年公布的《中共中央关于构建社会主义和谐社会若干重大问题的决定》就曾经提出,要塑造自尊自信、理性平和、积极向上的社会心态。2011年"两会"时公布的《国民经济和社会发展第十二个五年规划纲要》指出:"弘扬科学精神,加强人文关怀,注重心理辅导,培育奋发进取、理性平和、开放包容的社会心态。"① 这是社会心态首次被写入五年规划。中

---

① 《国民经济和社会发展第十二个五年规划纲要(全文)》,http://www.gov.cn/2011lh/content_1825838_2.htm。

国共产党十八大报告指出:"加强和改进思想政治工作,注重人文关怀和心理疏导,培育自尊自信、理性平和、积极向上的社会心态",① 为培育什么样的社会心态提出了明确要求。其中,"思想政治工作"是中国政治传播的重要组成部分,"理性平和"的目标针对的正是当前急躁的社会情绪。在"培育自尊自信、理性平和、积极向上的社会心态"的过程中,卖萌式的可爱传播或许是一个不错的选项。

需要指出的是,本书在此选取了急躁、愤怒、忧虑等几个较为典型的负面心态进行分析,并不是说这类负面心态在整个社会中很普遍,而是说此类社会心态容易引发社会问题,需要积极引导、疏通和治愈。而"可爱传播"的治愈功能,在其中或许可以发挥一定作用。

负面心态之"急"

在日常生活中,很多地方行人车辆闯红灯现象普遍,"中国式过马路"受广泛关注;排队时,排在后面的人往往焦躁不安,寻机插队;在升学、升职等方面,不少人费尽心思投机取巧,伪造证件、考试作弊、托人找关系、走后门、抄捷径,"捷径心态"发人深思。急躁的中国人,为我们揭示了中国民众当前的负面心态——急。

1. 对"提前完工"的反思

前几年,中国建筑工程事故频发,一些工程违反施工程序,盲目赶工期、追求提前完工,终因酿成事故造成人员伤亡,引发

---

① 胡锦涛:《坚定不移沿着中国特色社会主义道路前进 为全面建成小康社会而奋斗——在中国共产党第十八次全国代表大会上的报告》,人民出版社,2012年11月。

关注。2011年7月,云南某地的"史上最短命公路"被网民广为议论,该公路试通车第二天就坍塌,导致一辆途经此处的车辆翻下山崖,造成人员伤亡,公路中断。新华社记者的调查显示,该工程存在"未批先建"和"赶工期"的问题。① 2010年11月,南京市一桥梁工地发生钢箱梁倾覆事件,造成7名工人死亡。经调查,此次桥梁坍塌事故的原因之一就是因赶工期而违反了施工程序。②

在近年来中国的语言体系中,"竣工""完工"之前加上"提前"二字似乎已经成为"固定搭配"。中国在历史上贻误过很多机遇,耽误很多时间,所以中国人都觉得"耽误不起"。中国一度怀着"只争朝夕"的精神和勇气,使中国贫穷落后的面貌得到很大改善。可以说,"提前完工"为中国争取了宝贵的时间和发展机遇,使中国在短短数十年时间内取得了其他国家上百年的进步。中国的进步有目共睹,中国的成功举世瞩目,中国的速度让人刮目。1300多千米的京沪高速铁路从开工到试运营只花了2年零7个月。而中国高铁技术也强调"5年走过了其他国家40年走过的路"。高铁已经成为中国的名片之一。

但是,在一定范围存在的"赶工期"现象值得反思。这种现象既体现在某些地方的GDP至上主义的发展模式上,更体现在大量的工程建筑冒进的建筑进度上;既体现在盲目"提前完工"带来的荣耀和骄傲上,也体现在学历造假、学术腐败、钻营暴富上。这种现象,隐藏着诸多陷阱和隐患,是中国社会的浮躁心态

---

① 《"雨太大"还是"路太差"?"史上最短命公路"追踪》,http://news.xinhuanet.com/auto/2011-07/11/c_121647653.htm。
② 顾烨:《南京"11·26"事故3名责任人一审被判刑》,《人民法院报》,2011年7月21日。

和功利化倾向的体现。

越来越多的声音开始呼唤科学、理性的发展速度。细心的读者可以发现上述中央文件中既有"理性平和"的表述，更有"弘扬科学精神"的字样。2011年7月，当时的河北省委书记张云川批评了少数部门在工程建设上的浮躁作风，表示将坚决取消"决战90天""大干快上"等冒进标语口号，强调工程建设必须尊重科学规律，坚持实事求是，切忌浮躁。① 2011年，京沪高铁运营速度由开工时计划的380公里/小时降至250公里和300公里两个类型。速度降下来了，旅途时间延长了，民众却很少对降速提出怨言，而普遍认为降速是对以往冒进发展方式的"纠错"，是"理性回归"。②

2. 对"捷径心态"的反思

路上没有斑马线不要紧，走的人多了大家就可以一起过马路；凑齐一伙人，红灯照样过马路；爬天桥太麻烦，直接"跨栏"才是捷径……"中国式过马路"已经引起各地的重视。日常生活中，这种"捷径心态"还体现在很多方面：一些人不太喜欢排队，尤其是排在后面的人，焦躁不安，寻找捷径，伺机插队。一些司机在马路上不按规则加塞、并线、超车，只希望自己比别人快一些。在追求财富方面，一些人希望一夜暴富，一些企业主疏于实业的经营，而投身"来钱快"的房地产等行业；一些企业不关心产品和技术开发，而一味抄袭、山寨；不少演员模特，为成功而甘被潜规则；某女博士后为了取得北京户口和留在北京工

---

① 朱峰：《河北将取消"决战90天"等冒进标语口号》，http：//news.xinhuanet.com/2011－07－13/c_121663243.htm。
② 何欣荣、贾远琨：《高铁降速是理性回归 重建信心需时日》，http：//news.xinhuanet.com/politics/2011－08－11/c_121847618.htm。

作的机会，不惜投怀送抱，与官员开房；一些企业投标不凭实力，而靠走后门，拉关系……捷径心态让人们失去耐心，变得急功近利、心态浮躁。

在官场和职场，捷径心态也有所体现。近年来，干部"火箭提拔"问题广受关注，不少依靠亲属关系违规"火箭提拔"的年轻干部被曝光。个别官员在实现升迁过程中不是通过踏实工作，而是通过托关系、走后门和贿赂。各地频发的升迁百态折射出中国职场升迁中的"捷径心态"。在本应严肃务实的学术和教育领域，也不断爆出学历造假、学术腐败问题。

扭转急躁心态，需要时间，也需要办法。无论是坐地铁、买房子、求职，如果你不抢不争，就很可能没有你的份儿。在这个意义上说，急躁心态是特定历史时期的产物，需要更好的发展和足够的时间来缓释。随着中国经济社会发展，各类资源将越来越充足，资源分配也将越来越平等，规则将越来越公开、平等。从政府到民众，也许会从心态上越来越平和、理性、放松。对，不妨放松一些，轻松一些，时不时地放慢脚步、放松心情，偶尔开个玩笑、卖个萌，生活或许会更美好，社会也会更美好。

负面心态之"仇"

2013年6月7日，车水马龙的厦门街头，一辆公交车突然爆炸起火，47位乘客丧生。经调查，是被认定为犯罪嫌疑人的陈水总因悲观厌世而泄愤纵火，他自己也被当场烧死。[①] 厦门公交纵火案给舆论留下深刻的思考：仇恨和愤怒的社会心态离我们如此

---

① 《厦门公交纵火疑犯当场烧死　因悲观厌世而泄愤纵火》，http://news.xinhuanet.com/local/2013-06/09/c_124836115.htm。

之近、危害如此之大。

近年来,泄愤事件不断刺激人们的神经:医生被砍、老师被打、记者被围攻、律师遭暴力……2012年3月,哈尔滨一家医院的医生被砍身亡,愤怒的患者还砍伤了另外三名医生,有调查显示近七成网民为此感到"高兴";① 2012年的反日游行中,无辜车辆被砸、被烧,在西安,一位情绪亢奋的示威者把丰田车主砸成重伤,头部颅骨砸穿;② 2013年高考中,湖北钟祥发生了高考监考老师遭围堵的事件,愤怒的考生及家长认为监考过于严格,影响了学生成绩。③ 人们总是很易怒,很容易群情激奋,并且这种愤怒有群体性特征。在一定范围内,一些人"仇官""仇富""仇外",仇恨和愤怒情绪的蔓延,无疑会助长社会戾气,甚至危害社会稳定。

我们也应该看到,仇恨的社会心态不是中国的特产,战乱地区自不必说,发达国家美国也出现了"占领华尔街"运动:2011年,千名示威者聚集在纽约,试图占领华尔街,他们的意图是要反对美国政治的权钱交易、两党政争以及社会不公正;日本也出现了东京秋叶原街头杀人事件:2008年,25岁的日本男性因厌世情绪,在秋叶原街头疯狂砍人,造成7死10伤。

1. 仇官心态

2010年10月16日晚,一辆黑色轿车在河北大学新区门口撞倒两名女生,一死一伤。肇事司机在现场口出狂言:"有本事你

---

① 《调查称近7成网民对哈尔滨杀医案表示"高兴"》,http://news.china.com.cn/2012-03/27/content_24992462_2.htm。
② 《西安市民开日系车被人用钢锁重击头部砸穿颅骨》,http://news.ifeng.com/photo/society/detail_2012_09/21/17797105_0.shtml。
③ 雷磊:《湖北钟祥集体围攻监考人员调查》,《南方周末》,2013年6月20日。

们告去,我爸是李刚!"经查,其父为保定市某公安分局副局长。"我爸是李刚"蹿红网络,成为年度网络最火流行语,也成为网络仇官的一个高潮。

2009年,宾馆服务员邓玉娇受到镇政府官员邓贵大的骚扰,出于自卫目的将其刺死,事件通过网络传播引发全国轰动。舆论出现一边倒的现象,网络上甚至出现了《烈女邓玉娇传》《侠女邓玉娇传》和《生女当如邓玉娇》等大量赞美她的作品,一定程度上反映了民众的"仇官"心态。

仇官心态的背后,是部分官员以及官员家属胡作非为或贪污腐败,以及问题解决渠道不畅或民怨出口不畅。贪污腐败、官商勾结、权力寻租、不作为或乱作为,是仇官情绪蔓延的根本原因;同时,民众中的负面情绪、极端情绪得不到有效疏导和化解,也是产生仇官心态的重要原因。

仇官心态会引发对公权力机关的仇恨,甚至触发群体性事件,威胁社会稳定。2013年6月13日晚,南宁发生一起交通事故引发的滋事事件,聚集者超千人。整个事件中,民众对执法民警怀有深刻的不信任,肇事车辆被点燃,多辆公安巡逻车、警车被砸或被推翻。简单的两车追尾交通事故,却演变成砸车烧车的群体性事件,其背后是根深蒂固的"仇官"情绪。在因仇官情绪而引发的群体性事件中,参与的民众在开始时多有看客心态,围观、起哄、看热闹;随事态发展,会有一部分看客因盲从心态,挽袖加入,以发泄心中的不满。此外,群体性事件还有督促改革等积极作用,我们应当看到,在环境保护、社会管理、收入分配等领域,一些群体性事件的确正在倒逼制度改革和创新。

2. 仇富心态

"炫富"的郭美美曾引发高度关注。但她并不孤独:有人烧大把人民币点烟，有局长儿媳微博炫耀15万元名表、奢侈品。在交通事故中，只要出现宝马、保时捷等字样，就会格外吸引眼球，便会闹得沸沸扬扬。年轻人挂在嘴边的"高富帅""白富美"等新词，共同的要素就是"富"。

  2010年发生的药家鑫案也曾引发舆论关注。西安音乐学院大三学生药家鑫深夜驾车撞人后又将伤者刺八刀致其死亡。案发后，网上出现药家鑫是"富二代"的言论，于是网络舆论群情激愤，药家鑫顿时成为众矢之的，成为举国讨伐的对象，其父大喊："不能因为被曝是富二代就重判。"事后证实，药家鑫算不上富二代，其所购手机为按揭购买，所驾车辆也很普通。①

  人们看似在"仇富"，其实是仇"不公"。一些富人的财富来源不合理，公众普遍的疑问是："富人的钱，赚得干净吗？"仇富的最根本原因是社会的财富分配制度出了问题。我们应该看到，一些靠诚实打拼和经营而积累巨额财富的人一般不会成为"仇富"的对象。马云、李彦宏、张朝阳等新时期创业者都拥有巨额财富，但社会上很少有对他们的"仇恨"，相反，很多人把他们视为创业的导师、人生的榜样。人们仇恨的，是通过权力腐败、非法渠道攫取财富的人。

  炫富的陋习古已有之，西晋就有王恺石崇斗富的故事。富豪王恺和石崇争相炫富，用蜡烛当柴火烧，家门前铺设四五十里长的彩色绸缎，攀比炫耀珊瑚树，奢靡成风也加速了西晋的灭亡——太富没关系，太爱炫富就有问题了。

  炫富和仇富背后的深层问题，是贫富差距。炫富行为和仇富

---

① 《媒体调查称药家鑫算不上富二代　手机至今按揭》，http：//news.southcn.com/c/2011-04/18/content_22848687_2.htm。

心态，对社会稳定与和谐，皆无益处。开展"可爱传播"，当然无法解决贫富差距问题，但"可爱传播"也许能够让人们心态更加平和、放松。

3. 仇外心态

仇外情绪的背后，是中国几千年来对战乱的记忆、1840年以来被侵略的屈辱历史以及当前中国在一定范围内给外国人的超国民待遇。几千年的历史长河中，外族入侵不断上演，民族矛盾反复激化，抵御、排斥和仇恨已经深入骨髓；鸦片战争以来，中国被列强轮番欺辱，耻辱的历史记忆让国人的仇外情绪更加义愤填膺。在反日游行中，愤怒的示威者砸毁日本车，抢烧日本商场。2011年日本发生地震海啸灾难后，有的网民在网上大叫"活该"。① 当然，这并非普遍现象，但却引发不小的争论。仇外同时又在媚外，一些外国人在中国得到格外关照，日本人在武汉丢了自行车后三天就破案，引发民众不满。

随着中国改革开放的深入，越来越多的外国人来到中国生活、工作、学习，在华常住的外籍人口接近60万，中国人与他们爆发正面冲突的机会明显增多。在近代被侵略的屈辱记忆影响下，外国人在中国的问题往往受到极大关注。2012年5月，一名英国人在北京宣武门附近猥亵一名中国女孩，被众人制止并暴打，"制止"是理性的，"暴打"却是非理性的，很多围观群众为之"叫好"。②

化解人们的愤怒与仇恨情绪，必须从根本上确立公平的财富

---

① 《没有任何一次地震值得开心》，http：//news. ifeng. com/opinion/pingzhongping/detail _ 2011 _ 03/11/5100206 _ 0. shtml。

② 《老外宣武门强奸中国姑娘被暴打　周围群众齐叫好》，http：//www. afinance. cn/new/shxw/201205/447051. html。

分配制度，从根本上确立公开透明的政治制度，从根本上提升中国国力和国际地位。化解人们的愤怒与仇恨情绪，还必须对民众情绪进行有效引导和疏通，给社会和民众提供多方面、多层次的解压阀。富含趣味性和人性化的可爱传播，或调皮或搞笑或可爱，能很好地疏导社会情绪。

负面心态之"忧"

近年来中国民众在某些领域表现出集体忧虑的特征：装修怕甲醛，吃青菜怕农药，在外吃饭怕"地沟油"，买电器怕假冒，买书怕盗版……中国人面临众多的不安和忧虑，有时甚至表现为一种集体忧虑。这些集体忧虑有的是必要、积极的，有的则需要科学引导。

集体忧虑是中国经济社会发展的必经阶段。中国经济社会飞速发展，成就斐然，中国社会正处于转型期，各种问题和矛盾集中爆发。在当今中国社会，硬件的跨越式发展和软件的滞后并存、社会物质产品日益丰富和各种标准的制定与实施的滞后并存、人们的安全意识提高和整个社会的安全保障水平的滞后并存。这一切造成了多个领域民众的集体忧虑。忧虑的根源是立法和执法的滞后以及相关部门的标准制定和监管的滞后。发达国家较为完善的法律法规和监管系统，正是建立在他们历史上多次公共危机事件的基础上的。

集体忧虑的意识须科学引导，防止被歪曲利用。近年来，随着网络、手机等新的通讯手段的发展和普及，信息的人际传播呈现前所未有的新特征。某种意义上讲，有些事件正是民众的集体忧虑被不当利用造成的。日本历史上也出现过"纳豆减肥"的跟风事件，导致纳豆供不应求。实践证明纳豆对减肥没有特别的效果，而当时跟风的人回想起来也只能无奈地一笑而过。

集体忧虑也有积极意义，有的集体忧虑是必要的。人们集体忧虑的对象，往往是实际存在问题的某些领域。如奶粉的三聚氰胺事件、青菜农药含量过高等问题。人们的集体忧虑有利于促进相关部门完善法律法规和监管措施，使问题得以逐渐解决。同时人们的集体忧虑能够促进某些公共领域的问题得到解决。如在垃圾围城、尾气污染、交通拥堵等方面的集体忧虑则显得十分必要和弥足珍贵。如果人们在垃圾分类、科学使用交通工具等方面想更多的办法、做更多的努力，中国的类似问题一定能得到解决。事实上，很多市民把自己家里打扫得干干净净，而对公共场所的卫生问题则不闻不问，对垃圾分类也表现得十分消极。日本的经验告诉我们，在垃圾处理等公共领域的问题上，必须从每个人的意识入手，得到每个人的理解和支持，否则，政府单方面的所有努力将难以取得效果。

集体忧虑的根源是各类社会问题，既包括环境污染问题，也包括食品安全问题；既有社会财富的分配问题，也有经济转型造成的就业等问题。从世界范围看，发达国家在其社会发展历史上，也经历过类似的阶段。随着社会发展与成熟，人们的忧虑对象会发生变化。如在当前日本，人们压力依然很大、忧虑很多，动漫、游戏等萌元素就成了人们的解压阀、社会的润滑剂。

总之，在推动社会发展、促进社会公平正义的同时，通过传播正能量，通过治愈系信息和可爱传播，能在一定程度上疏导社会戾气，为社会解压。中国有必要建立健全社会情绪的"解压阀"系统。解压阀的形式可以很多，如在西方社会，媒体监督、议会质询都可以成为社会情绪的有效解压装置。在中国，微博等新媒体逐渐成为消解社会不满情绪的解压阀，音乐、电影中的正能量信息、感人信息、幽默信息也会起到解压阀的作用。从日本的经验看来，治愈系的信息传播，也可以成为解压阀的一个可能选项。

新媒体环境下国民心态的传染机制

1. 新媒体环境下国民的感性思维

新媒体与传统媒体的思维逻辑存在本质区别，传统媒体为理性逻辑，新媒体则更多地表现出感性逻辑。

而在新媒体环境下，网络舆论表现出较强的"草根特性"。近年来，中国网络媒体发展迅速，网民数量快速增长，尤其是智能手机和移动网络迅速普及，微博、微信等社会化媒体发展引人瞩目。中国新媒体传播有"三高"和"三低"两方面的特征，决定了其较强的影响力和"草根特性"。

"三高"是指：网民基数处于高位，移动网络用户高速增长、互联网硬件和软件技术高速发展。首先，中国网民基数处于高位，社交媒体用户多。有研究指出，中国互联网政治之所以引人注目，很大的一个原因是由于其规模效应。[①] 2003年，中国网民人数只有0.68亿，而到了2015年6月，这一数字已经达到6.68亿，10年增长近10倍。[②] 其次，新媒体影响力处于高位第二，移动网络用户增加迅速。截至2015年6月底，中国手机网民规模为5.94亿，较2014年12月增加3679万人。[③] 第三，互联网基础资

[①] 郑永年：《技术赋权》，东方出版社，2014年4月。
[②] 中国互联网络信息中心：《第36次中国互联网络发展状况统计报告》，http://www.cnnic.net.cn/hlwfzyj/hlwxzbg/hlwtjbg/201507/P020150723549500667087.pdf。
[③] 同上，《第36次中国互联网络发展状况统计报告》。

源高速发展。截至 2015 年 6 月,我国域名总数为 2231 万个,其中".CN"域名为 1225 万个,我国网站总数达 357 万个。① 网络媒体的"三高"特征决定了其较强的影响力。

"三低"是指:网民中低学历、低年龄、低收入者占相当大的比例。首先,网民中低年龄者比例高,其中男性网民多于女性网民。中国网民中低年龄者的比例很高。2015 年 6 月底,39 岁以下的网民比例占整体的比例高达 80.2%。② 第二,网民中低收入者比例高。学历为小学、初中、高中(中专、技校)者高达 79.4%,大专及以上的比例只有 20.6%。第三,网民中低学历者的比例高。截至 2015 年 6 月,网民中月收入在 3000 元以下的比例高达 64.4%。③ 网民的"三低"特点决定了网络媒体的"草根特性"。

2. 社会心态的无中心循环论

传统媒体环境下的社会心态通过庞大集中、有序的宣传系统形成,是典型的"中心决定论"模式。新媒体的传播无序、多向,媒体内容也较为多元化,受众心态的形成是"无中心循环论"模式。

传统媒体环境下的舆论传播是一种自上而下的单向传播模式。信息由高层发出,逐级向下传播,形成典型的金字塔模式。在这种模式中,传统媒体承担了"舆论管道"的角色。形成舆论的观点和信息经过传统媒体这种舆论管道得以传达。

---

① 同上,《第 36 次中国互联网络发展状况统计报告》。
② 同上,《第 36 次中国互联网络发展状况统计报告》。
③ 同上,《第 36 次中国互联网络发展状况统计报告》。

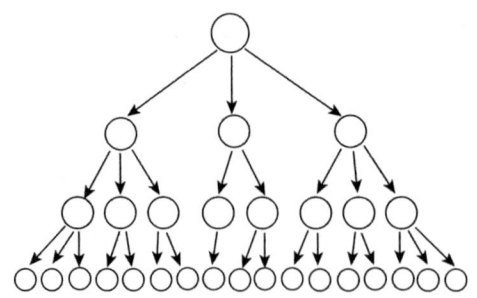

传统媒体舆论的金字塔模式

在金字塔模式中，信息为单向传播，方向由上而下。在这种模式中，公众的意见和态度基本无法得到表达。媒体传播的立场、观点由权力机构决定，在这种情况下政府很容易控制和引导舆论。这也即是本书提出的传统媒体环境下舆论的"中心决定论"。在"中心决定论"的舆论形成模式中，舆论由党和政府定调、引导，传统的大众媒体作为稀缺资源，提供传播管道，控制传播管道者控制舆论。

新媒体从根本上改变了舆论传播的格局和形态。新媒体的一个优势是大数据。大数据的平台机制所带来的开放聚集效应使信息能够得到即时廉价的传播。不同于传统媒体由点到面的单中心、单向度的传播，互联网是多中心、离散式的传播。① 公众不仅仅是信息的消费者、接受者还是信息的创造者、发布者，政府对信息渠道的垄断被打破，很难再像传统媒体时代那样对媒体渠道进行垄断和管制，政府对网络舆论引导的难度增加。②

新媒体更多地是提供舆论形成的平台。在平台中，人人可以

---

① 姚福：《深刻认识互联网舆论传播的特点》，《人民日报》，2012 年 7 月 20 日。
② 樊金山：《地方政府网络舆论引导的困境及对策》，《成都行政学院学报》，2013 年第 6 期。

第十二章　中国"可爱传播"的受众与媒介环境

进出，贡献与分享同存。这种互联互通的背后是双边市场效应，边际成本为零，所以平台规模可以无限扩张。建构一个虚拟平台，让无数的用户登录、浏览、评论，留下痕迹，点点滴滴聚集而成大数据，汇聚成新媒体舆论。在商业营销中，聪明者会导演一组动人故事，营造一种创意氛围，提供一个聚众的价值观，让营销仪式如同宗教行事一般，让人迷迷糊糊如醉如痴成为铁杆粉丝。① 这种技巧在政治传播与舆论引导方面同样适用，新媒体受众偏好故事化的信息传播。

新媒体上的大量信息由受众发布，他们既是信息的发布者，也是信息的接受者。在理性选择理论中，信息和个人参与之间的关系是工具性的。随着信息变得较为廉价，而且可以从许多由个人控制的来源获得，更多的公民将有可能介入政治舆论。② 新媒体提供丰裕的传播平台，人们在这个平台上互通信息，形成新媒体舆论。在这个平台上，信息传播无序、多向、无中心。海量个人意见的不断汇集、补充、排序，最终形成新媒体舆论。

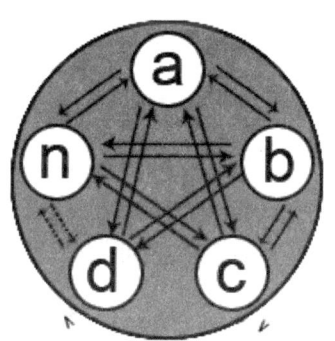

新媒体舆论的无中心模式

---

① 黄升民：《"互联网思维"与新宗教主义》，《中国经营报》，2014 年 4 月 5 日。
② 郑永年：《技术赋权》，东方出版社，2014 年 4 月。

新媒体舆论所谓的"无中心"是指舆论没有统一出口。其实新媒体中存在很多"次中心"。尽管草根阶层在互联网上获得了发声的渠道，但精英阶层的话语优势在新媒体背景下依然存在。一些学者、作家、社会评论家，对大众传播的影响较大，能够影响公众对社会事件的认知和态度，一定程度上影响社会舆论的走向。①

3. 受众心态的循环机制

在新媒体环境下，信息流动更为多向、自由，舆论容易出现扩大化、循环式等特征。2008年6月20日，时任中共中央总书记的胡锦涛通过人民网"强国论坛"与网友在线交流，他发表讲话时把互联网比喻为"思想文化信息的集散地和社会舆论的放大器"。②互联网是如何成为社会"舆论放大器"的呢？广告学中的AISAS模型与镜众理论可以帮助我们理解新媒体舆论环境中循环式的行为模式。

AISAS模型。AISAS模型是由日本电通公司针对互联网时代消费者购买形态的变化，而提出的一种全新的消费者行为分析模型。在这个模型中，消费者行为被分为A（Attention，关注）、I（Interest，兴趣）、S（Search，搜索）、A（Action，行动）、S（Share，分享）五个阶段。③本书认为，AISAS模型在考察新媒体舆论时同样适用。以中日钓鱼岛争端为例，在网络上的海量信

---

① 陈铁夫：《2009—2011年中国互联网舆论研究综述》，《互联网天地》，2012年第4期。
② 《胡锦涛在人民日报社考察工作时的讲话》，《人民日报（海外版）》，2008年6月21日。
③ 小岛哲郎：《电通独有的AISAS & Cross Media Planning手法》，《广告大观综合版》，2010年第1期。

息中，岛屿争端引发人们关注，持对日敌对立场者会对反日信息更感兴趣，并会继续搜索、选择性接触相关信息，并把这种立场在网络上继续分享，进而采取敌对行动，形成敌对心态的"传染与扩大"。

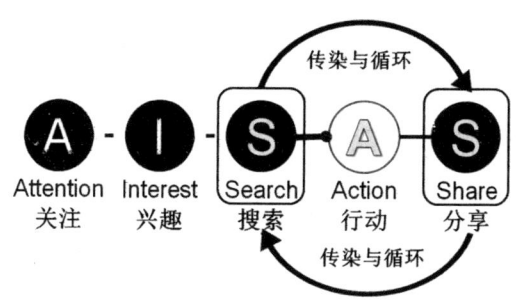

网络舆论的传染与循环

镜众理论。也正是在新媒体环境下，共振型消费者"镜众"才得以出现。日本电通消费者研究中心的宫城美幸于 2008 年提出"镜众"的概念，镜众心中有一面镜子，镜面朝着别人，当遇到需求、爱好、心情和自己相近的就吸收进来，咀嚼混合后再把这种心情反射出去。当很多人互相发射和共振时，就会形成一个大的热潮，这些人就叫镜众。① 镜众既容易受他人信息的影响，也喜欢把信息传播给他人。如在中日钓鱼岛争端中，对日本持敌对立场的网民会寻找与自己立场相似的人，他们之间形成共振，进而形成群体性的敌对心态。

国际上最新的研究成果也证实了新媒体环境下心态的传染性。2014 年 3 月 12 日，美国加利福尼亚大学和耶鲁大学的研究

---

① 宫城美幸：《あなたは、なぜ「自分に似た人」を探すのか——崩壊する「大衆」と台頭する「鏡衆」》，講談社，2008 年 10 月。

团队公布的研究结果表明,在新媒体中的民众感情更容易相互传染。这个研究团队对 Facebook 进行长期追踪并进行试验得出上述结论。① 在新媒体环境中,受众接触信息后会进行分享,放大了舆论的"循环",形成更难以控制的群体情绪。新媒体观点的多样性和自发性、传播的"滚雪球"效应和非理性更容易失控。② 频现的网络暴力、网络谣言、网络炒作等现象,也正是源于新媒体的这种特征。

新媒体环境让萌力量价值凸显

当前,在全球范围内,以网络社交媒体为代表的新媒体,很大程度上改变了信息传播的格局。传统媒体和新媒体环境下,受众体现出的思维方式也有很大不同。在传统媒体环境下,舆论由精英阶层引导,主要影响对象也主要分布在精英阶层中。在古代,代表性的印刷媒体如法律和公告是由皇室或其他权力机构来进行印刷的。③ 17世纪的商业报纸,其主要服务对象是当时的一个新兴阶级——以城市为基础的商业和专业人士。④ 在中国传统的计划体制下,报纸等传统媒体几乎是作为纯粹的宣传品进入社会的,能够经常性接触报纸等传统媒体信息的,无疑是官员、知识分子等精英阶层。也就是说,在传统媒体环境下,受众多集中在社会的中上层,传统媒体的舆论自然是一种"精英舆论"。而

---

① 《ネットに吐き出された感情、伝染しやすい》,http://headlines.yahoo.co.jp/hl?a=20140313-00005463-wsj_bus_all。
② 言靖:《网络事件舆论形成模式及媒体特异性研究》,《郑州大学学报(哲学社会科学版)》,2009年11月。
③ 丹尼斯·麦奎尔:《麦奎尔大众传播理论(第4版)》,崔保国等译,清华大学出版社,2006年7月。
④ 丹尼斯·麦奎尔:《麦奎尔大众传播理论(第4版)》,崔保国等译,清华大学出版社,2006年7月。

新媒体环境极大促进了草根文化和感性思维的扩大化传播,卖萌传播层出不穷。

新媒体的"草根特性"与"感性思维"。在新媒体环境下,网络舆论表现出较强的"草根特性"。近年来,中国网络媒体发展迅速,网民数量快速增长,尤其是智能手机和移动网络迅速普及,微博、微信等社会化媒体发展引人瞩目。中国新媒体传播有"三高"和"三低"两方面的特征,决定了其较强的影响力和"草根特性"。

在传统媒体环境下,人们接触到的宣传信息大都是一个个的道理,包括《人民日报》传达的大段政治理念,以及各种口号:"要致富,先修路。""让一部分人先富起来。"这些口号传递的都是特定的"理念",通过号召、讲道理、小组学习、批评与自我批评的方式深入人心,成功引导舆论。在商业宣传领域也一样,要宣传某件商品,就很简单地在广告中反复强调"质量好""价格低"。这是典型的"理性逻辑"。在这种逻辑背景下,政府推出的理念通过大量重复的宣传到达公众那里,并影响公众行为;企业宣传也通过高密度的重复性广告影响消费者。

当然,传统媒体环境下也并非没有感性逻辑。中国的执政理念和道德引导方面的叙事活动往往通过文学、电影、音乐等艺术形式进行,"润物细无声"。[①] 传统媒体环境中也不乏一些颇具画面感的口号。

传统媒体环境下效果显著的理性逻辑模式的宣传,在新媒体时代遇到瓶颈,喊口号、讲道理式的舆论引导手法已经难以取得

---

① 赵新利、张蓉:《国家叙事与中国形象的故事化传播策略》,《西安交通大学学报(社会科学版)》,2014年第1期。

良好效果。网络语言只有快速更新换代才能吸引眼球,网络传播的故事脚本也必须足够有吸引力。新媒体时代的感性逻辑具体体现在如下几个方面。

首先,在形式上,新媒体受众相信"图胜于文",包含可爱元素的漫画更吸引人。传统媒体时代,图片的印刷成本远高于文字,影像传播则需要更高的成本。新媒体让"读图"成本降低。在网络空间,跨越国界与超越文化的图像解读,往往使其中的信息传达超出我们的预料。① 美国 IT 网站 Computer world 发表署名麦克·艾尔甘(Mike Elgan)的文章称,随着社交网络的逐渐进化,不受地域和语言限制的图片逐渐取代了繁琐而微妙的文字,成为传词达意的主要媒介。② 反观中国,新华社很早就推出准确、简捷、明快、一图胜千言的图表新闻;很多学者开展了数据可视化的研究,并在大众媒体有广泛应用。而"中国梦""社会主义核心价值观"通过大量的公益广告开展,公益广告中运用了大量漫画等视觉艺术形式,告别了以往单一依靠文字口号的传统做法。

其次,在内容层面,新媒体受众偏好故事化的感性信息。在新媒体时代,信息丰富而多元,民众可以以较低的成本获得大量信息。相对于干瘪的口号式、理念式宣传,网民更偏爱故事化、富有人情味的感性信息。人们像看连续剧一样关注网络热点事件,网民在网络上不理性、不冷静、不客观、不规范的行为远远多于传统媒体时代,人们在网络上的情绪易煽动、易冲动、易行动。大量网民的参与形成一种广场狂欢的快感,人们在广场上恣

---

① 张杰:《读图时代对互联网舆论生成与特征的影响》,《新闻界》,2011 年第 9 期。
② 《读图时代:社交网络走向"视觉化"》,《硅谷》,2012 年 9 第 17 期。

意的发泄迅速地制造出"场效应",让参与者在如痴如狂的状态中充分享受宣泄的快感、痛感。① 在新媒体环境下,空洞、抽象的口号没有了市场,人们更乐于通过故事、脚本来认识事物。人们对事物的对错、善恶,往往都是通过特定的故事或事件来进行的。再冠冕堂皇的口号,遇到极富故事性和感染力的故事,都会黯然失色,即便口号也许是正义的,而故事或许是谣言。在这种背景下,无论是对内还是对外,中国官方都开始更加重视故事化信息的提供。在对内的舆论引导方面,"感动中国""寻找最美乡村教师"等系列活动都运用了传统媒体与新媒体结合的故事化传播模式。在对外传播层面,习近平总书记在全国宣传思想工作会议上强调,"讲好中国故事,传播好中国声音"。② 这是中国最高领导首次提出"讲好中国故事"。国家层面开始讲故事,区域和行业也开始通过微电影等方式开展故事化的传播。故事化传播中,很过卖萌元素不断涌现,2013 年 10 月,名为"复兴路上"的用户在优酷网发布《领导人是怎样炼成的》动漫短片,引发国内外媒体广泛关注。《领导人是怎样炼成的》首次通过动漫的形式展现国家领导人的"可爱"一面,向外界宣传了中国的政治体制;地方也不例外,四川在区域宣传微电影中挖掘的大熊猫的可爱。

第三,在风格方面,新媒体受众偏好感性风格,具体表现为可爱、卖萌、调皮等方式的信息提供。如上所述,在新媒体环境下,网络流行语更新换代极快。无论高呼"卖萌无罪"者还是高呼"卖萌可耻"者,其实都在卖萌,都在网上宣泄某种情绪。大

---

① 齐效斌:《人的自我发展与符号形式的创造》,中国社会科学院出版社,2002 年。
② 《习近平:讲好中国故事 传播好中国声音》,http://news.xinhuanet.com/video/2013-08/20/c_125210825.htm,2013 年 9 月 20 日。

量的网络流行语都是网民感性逻辑的体现,如"肿么"、"长姿势"、"白富美"、"天然呆"、"高富帅"等等。在政治传播方面,中国也开始注重感性逻辑的传播方式,如通过动漫和漫画开展的传播。"习大大"等对国家领导人的亲切称谓被默认。2014年2月,中国媒体发布习近平动漫形象,盘点习近平"时间去哪儿了",萌翻网友;不久,中国政府网发布《图解2月26日国务院常务会议》,公布了李克强的漫画形象。以漫画、动漫为代表的新型政治传播方式对柔化党政形象无疑是有益之举。

在新媒体环境下,说教式的宣传和推广已经失效,人们更喜欢接触有人情味、趣味性的信息。当前,中国已经成为新媒体大国,无论网民人数还是新媒体的影响力,都不容小觑。在这种背景下,深入挖掘萌元素,开展多种形式的卖萌宣传,不失为一种很好的策略,在中国研究并推广萌力量,正当其时。

新媒体为卖萌提供了绝佳平台。以往,传统媒体是稀缺资源,广播、电视的时段稀缺,报纸、杂志的版面稀缺,人们往往只能把最精华、最凝练的内容呈现在媒体上。而新媒体资源则十分丰裕,新媒体提供平台,只要拥有网络和终端,人们就可以在这个平台上传播信息。随着网络新媒体的迅猛发展,微信、微博等平台深度嵌入人们的日常生活,成为各类机构信息发布的重要平台,也成为人们接触信息的重要窗口。在新媒体通过卖萌吸进眼球,是很多机构惯用的手法。中央气象台的微博就很会卖萌,如2015年11月11日"光棍节"当天,"中央气象台"发了一条微博称,南北方不是降雨就是雾霾,不适宜出门,只能呆在家里"活动活动手指"。"中央气象台"小编坏笑着说了一句"败家娘们,老天只能帮你们到这了"。暗示坏天气让"败家娘们"只能在家上网购物了。惯于卖萌的中央气象台微博被网友在评论中称为"萌台"。中央气象台微博借此推出"萌台科普时间"专题,隔三差五推出科普知识。在讲述科普知识时,也不忘卖萌。如2015年8月20日,"萌台科普时间"解释台风转弯问题时,这么说:"台风为什么转弯了?是遇到红灯了吗?是到了一个十字路口吗?是有交警蜀黍指挥吗?NONONO,是因为北侧挡着它的马路牙子消!失!了!作为北半球的台风,天然喜欢右转(没灯,不用等)可惜一直有个叫副热带高压的东西充当道牙子,现在道牙子减弱,挡不住了,台风就欢快地右转北上了。"

第十三章

国家叙事：建设可爱中国

国家叙事可通过多种方式实现，如历史传记、文学作品、影视剧、新闻报道、文艺晚会等。这些国家叙事文本往往既发挥对内传播的功能也发挥对外传播的功能，在塑造国家形象方面的作用不可或缺。叙事学是关于叙事的理论和系统的研究，作为一门独立的学科于1969年诞生于法国，是在语言学、修辞学、逻辑学、符号学的基础上发展起来的。20世纪90年代以来，西方叙事学开始注重跨学科研究。① 叙事学已经发展成为一门研究各种叙事文本的综合学科，研究对象包括叙事诗、日常口头叙事、法律叙事、电影叙事、戏剧叙事、历史叙事、绘画叙事、广告叙事等。② 就叙事而言，既可以是在真实意义、事实意义上的叙事，也可以是在虚构意义上的叙事。③ 中国在政治公共关系、政治传播、对外传播等领域，都有大量国家叙事的实践活动，但还没有研究对其从叙事学角度进行分析。

不同国家的学者对"国家叙事"有着不同的描述。美国纽约大学学者埃里卡·穆克吉（Erica Mukherjee）指出，每个国家都

---

① 欧阳照：《电视新闻的叙事学研究》，重庆大学出版社，2010年。
② 申丹、王丽亚：《西方叙事学：经典与后经典》，北京大学出版社，2010年。
③ 谭君强：《叙事学导论》，高等教育出版社，2008年。

第十三章 国家叙事：建设可爱中国

有国家叙事，以帮助其国民认同民族文化。这些国家叙事也是国家存在的基础。在国内，国家叙事是有效的政治工具。在全球范围内，不同的国家叙事可以帮助人们了解不同文明的根基。[①] 日本心理学者岸田秀认为，国家叙事是支撑国家存在的必要条件，具体表现为：(1) 国家叙事保障国家认知的连续性；(2) 国家叙事应尽可能囊括最大范围的国民情绪；(3) 国家叙事应支撑国民荣耀与价值观；(4) 国家叙事应保持最大限度的一致性；(5) 国家叙事应尽可能得到其他国家的认可。[②] 中国也有不少关于国家叙事的研究，多集中在文学、影视作品与国家叙事的关系上，这些研究对国家叙事并没有给出明确的定义。

中国国家叙事的困境

国家叙事是政治传播的重要组成部分，其人文关怀问题值得高度重视。2007年的十七大报告首次提到"人文关怀"一词，提出"加强和改进思想政治工作，注重人文关怀和心理疏导"。同样的表述在十八大报告中又一次出现，无疑是中国共产党重视政治叙事人文关怀的标志。我们也必须看到，在当前的国家叙事中，还面临重重困境，人文关怀缺位的问题十分突出。

1."高、大、全"式叙事尚存

改革开放以来，中国国家叙事语境发生积极变化，出现了"小平您好""胡哥加油""我爱宝宝""习大大"等说法。但我们必须看到，中国的政治传播没有发生本质变化，"高、大、全"

---

① Erica Mukherjee, The Implications of National Narratives, http://www.perspectivesonglobalissues.com/the-implications-of-national-narratives/, 2013年9月20日。
② 岸田秀：《ものぐさ精神分析》，青土社，1977年。

式叙事依然十分普遍。在红色影视剧中，英雄人物普遍存在"神化处理"。除此之外，关于见义勇为、助人为乐人物的报道同样存在"高、大、全"式的叙事方式，塑造的英雄形象不仅事迹感天动地，在生活、道德等所有方面都尽善尽美。这种叙事方式不仅在政治传播领域存在，在当前中国新闻传播领域也很常见，如某报报道优秀女孩成绩好时，还会同时突出强调其"全才"形象，指出"琴棋书画样样佳"，甚至直言"是个文武全才"等。①

在涉及国家领导人的国家叙事活动中，"高大全"式的手法更为突出。2013 年 4 月，美国总统奥巴马出席白宫记者协会晚宴并发表演讲。在演讲中，他不但公布了自己的"雷人"刘海照，还拿自己的篮球"糗事"开涮自嘲。此前不久，他打篮球曾经 22 投 2 中，惨不忍睹的命中率成为奥巴马拿自己开涮的笑料，引得在场听众哄堂大笑。2008 年 5 月，中国国家主席胡锦涛访日时在早稻田大学与日本球员福原爱和中国乒坛一姐王楠对打，开展的"乒乓外交"受到日本社会关注。日本乒乓球协会副会长木村兴治评价说："胡锦涛主席打得非常积极，属于攻击型打法。"② 中国媒体普遍报道胡锦涛"球技精湛"，"一人力战两大名将"，并以"5∶3 赢得胜利"。③ 国家领导人很擅长某种体育活动，是国家叙事的宝贵资源，如进行深入且人性化的传播，必能取得很好的效果。但上述报道无疑太过追求领导人的"高大全"形象，而忽略了平民视角和人性化。

---

① 刘辉：《武汉才女走进联合国》，《楚天金报》，2013 年 4 月 26 日。
② 《胡錦濤主席は「攻擊型」—ピンポン外交で専門家》，http：//news.searchina.ne.jp/disp.cgi? y = 2008&d = 0509&f = politics _ 0509 _ 005.shtml，2013 年 9 月 20 日。
③ 杨美萍：《胡锦涛早稻田大学打乒乓球以一对二》，《新闻晚报》，2008 年 5 月 9 日。

从心理学角度看，有点小瑕疵会让人更受欢迎。出众的人无意中犯点小错误，反而会使大家更喜欢他的现象，在心理学中有一个名字，叫做"白璧微瑕效应"。一方面，能力非凡的人给人的感觉高高在上，难以接近，让人敬而远之。一些小瑕疵却能让他们更有亲和力，与人们的心理距离缩小。但值得说明的是，"白璧微瑕效应"有前提，一定是"白璧"和"微瑕"，也就是说，一定是非常出众和优秀者才适用，另外，犯的一定不能是大错误，而是小瑕疵、小失误。①

2. "催泪"宣传过多

而在道德训导的国家叙事中，"催泪"宣传往往能取得比较显著的效果。中国在这方面拥有一套完善的话语体系，推出了很多大型国家叙事活动，如"寻找最美乡村教师""寻找最美消防员""寻找最美乡村医生"等，将国家所倡导的美德巧妙融入故事，对受众产生了深刻的影响。

在大型新闻报道活动中，中国传统媒体也惯于利用"催泪式"宣传吸引眼球。对这一点，传播学界有不少讨论，很多学者认为，新闻报道不能掺入太多的煽情和泪水。2008年汶川地震后，中国媒体充斥煽情和泪水，举国共写"悲情叙事"。而2011年日本更大规模地震后，其媒体的冷静和理性给中国媒体很多思考，不少传播学者呼吁中国媒体应有更理性的作为。2013年芦山地震后，虽一定程度的"煽情报道"依然依稀可见，不过媒体整体表现更为冷静、客观、理性、从容，新闻报道更多地回归本职功能：及时提供客观资讯。

"催泪"宣传的典型例证是中央电视台的"感动中国"年度

---

① 潘笑楠：《有点小瑕疵更受欢迎》，《生命时报》，2016年9月20日。

人物评选活动。该活动自 2002 年举办以来已经走过十余年的历程，是改良了的"催泪宣传"，起到了很好的道德训导效果。它淡化了过去"高大全"式的典型报道，主人公多为生活在公众身边的平凡人物，活动注重从平凡人、平凡事中挖掘感人素材，用平实的语气叙述平实的感动，给社会和人心带来正能量。

"感动中国"固然非常感人，但不少例子让人感到痛彻心扉，太过残酷，在一定程度上说是一种缺乏人性关怀的感动。以 2013 "感动中国"年度人物为例，10 人中有 9 人的事迹与"死亡""残疾"或"病痛"有关：（1）核专家林俊德以超常意志工作到生命最后一刻；（2）孝子陈斌强背着老年痴呆的母亲上班 5 年；（3）12 岁女孩何玥患脑瘤最终脑死亡，根据遗愿捐出肾和肝；（4）农妇高淑珍 14 年间接收了近百名残疾孩子；（5）"最美女教师"张丽莉为保护学生失去双腿；（6）守礁军人李文波母亲病危时奉命返回南沙，次日母亲病逝；（7）75 岁老兵高秉涵先后从台湾抱回 54 个老兵的骨灰罐，助其完成回乡遗愿；（8）乡村医生周月华小时候患先天性小儿麻痹症，左腿残疾；（9）罗阳在中国首艘航母"辽宁舰"上殉职。

上述"高大全"和"催泪"式叙事方式，也是国家叙事人文关怀缺失的具体表现。同时，"催泪"宣传与"高大全"叙事方式相互交织，共生共存。从上述 2013"感动中国"年度人物的事迹我们也可以看出，"催泪"宣传在感人的同时，也致力于塑造"高大全"的完美形象。同时，"催泪"宣传不但"感人"，甚至"感天动地"，"缺乏人性"。如上所述，10 位年度人物中，有 9 位的事迹与死亡、残疾、病痛有关。其中守礁军人李文波"新婚 5 天后回到南沙，20 多年来，与妻子真正在一起的时间不到 3 年"，母亲病危时却奉命返回南沙，次日母亲病逝。这个事迹彰显了克己奉公的精神，却在亲情、爱情、尊重生命等方面给人留下遗憾。

不可否认的是，克己奉公精神在中华民族传统中被奉为美德。大禹治水时"三过家门而不入"的故事传颂千年。红色经典中，共产党员为保护革命同志而牺牲家人的例子很多，曾经感动一代又一代中国人。这里想强调的是，当前的国家叙事需要在克己奉公与人性化之间寻找一个平衡点。具体来说，在当前中国，国家叙事的人性化缺失问题可以从如下三个方面进行改善。第一，要充分尊重生命，尊重个体，尊重个体的亲情、友情和爱情。第二，在涉及国家领导人的报道中，应增加平民化视角，防止对领导人的拔高和神化。第三，国家叙事增强人性化、趣味性。政治传播在保证立场正确的前提下，可以尝试适当加入人性化和趣味性元素。

国家叙事的变化：从"高大全"到"萌萌哒"

1."胡哥""习大大"：中国政治语境的深刻变化

备受关注的"学习粉丝团"微博亲切地喊出"习大大"，沿用至今。而在此之前的2008年4月北京奥运火炬传递时，法国巴黎的中国留学生还曾打出"胡哥加油"的标语。2009年2月，温家宝在访问欧洲期间，欢迎温家宝的中国留学生高举"我爱宝宝"的字幅。"习大大""胡哥"和"宝宝"等称谓显得随意、自然、不拘一格，正是新一代中国年轻人性格的体现，也折射出中国政治语境的深刻变化。

人们还清晰地记得，1984年天安门国庆阅兵式中，北京大学游行队伍中突然打出"小平您好"的横幅，成为改革开放以来中国发展的标志性一幕。

　　从1984年的"小平您好",2008年的"胡哥加油"和2009年的"我爱宝宝",到2013年的"习大大"称谓,都是中国政治语境变化的标志。"小平您好"出现在改革开放初期,那时,人们尤其是年轻人开始解放思想、打破旧的成规,在称呼国家领导人时,也可以不加职位,直呼其名,显得很亲切。"胡哥加油"与"我爱宝宝",都体现了改革开放进行30多年后,经济发展带来的社会各个层面的深刻变革,政治语境也已经空前宽松。而"习大大"则是社会化网络媒体兴起背景下,民众开始"平视"

国家领导人的标志。当前,网络文化对年轻人的深刻影响已经在社会各个领域得到显现,在网络世界中,对国家领导人以温馨的昵称代替职位称谓亦是司空见惯,具有权威性的人民网开通"什锦八宝 Fans 圈"(胡锦涛和温家宝的粉丝交流平台)网站专题就是其中一个例子。"学习粉丝团"微博受到国内外广泛关注,有外媒称,"学习粉丝团"这种喜闻乐见的民间媒体形态推动着内地政治不断透明化,折射着政治生态越来越开放的新趋势。

2000 年,时任福建省省长的习近平在接受采访时曾指出:"领导干部不是不可以宣传,但是不能多,并要把握好分寸。现在有一种倾向,一写领导干部就要将你写得多么完美,多么高大,要知道,世界上是没有至善至美的东西的,你把一个人写得完美了,人们就不相信了。"① 2015 年,这篇访谈被媒体再次转发传播,引起广泛关注。

在当前中国政治语境下,政治营销不需要洪钟般声音响亮、感情强烈的革命口号,更多的将是人性十足、涓涓细流般的轻声细语。这将成为政治话语发展值得注意的一个方向。

在这种快速变化的政治语境中,"语言隔阂"问题十分突出。在日常生活中,最典型的例子就是很多年轻人说的话老人们听不懂。在政治传播视角下,一个深刻的问题就是官方语言与民间语言的隔阂不断加大,已经割裂为两个语言体系。高层似乎已经注意到这个问题:如果官方语言不主动变革,那么越来越多的人将不愿听、也听不懂官方语言。新的领导集体推出系列活动改文风、转作风,提倡"短、实、新",反对"长、空、假"。习近平

---

① 《习近平 14 年前受访谈如何跨入政界:立志当公仆做大事》,http://politics.people.com.cn/n/2015/0109/c1001-26356880.html。

和李克强本人也讲了不少"接地气"的话，让民众听得懂、易接受。如李克强在记者招待会上说"喊破嗓子不如甩开膀子"；习近平在莫斯科说"鞋子合不合脚，自己穿了才知道"。

上行下效。地方政府也开始响应，四川省两会报告只讲"干货"，媒体报道说"没有语言隔阂的报告才是好报告"。"白话政治语言"折射政治营销新思维。白话才能跨越"信息鸿沟"。信息鸿沟，即信息不对称，也就是信息的贫富差距。党政系统的大量信息，如果不能及时、充分地传达到民众那里，信息鸿沟就难以跨越。政治仪式的语言与民众的语言越接近，二者之间的沟通就越有效。政治语境的变化，体现的是更加贴近民众的平民化政治传播新方式。

2. 从"高大全"到"萌萌哒"

2014年年初，刘德华登上央视《开讲啦》讲台，讲述"给世界一个微笑"。他坦言，刘德华在一定程度上被神化了，希望做一个"既成功又可爱的成功人士"。

刘德华所讲的问题，在上文中也有提及，其实就是"高大全"的问题。媒体塑造的，是被神化的、高大全的刘德华形象。久而久之，这个形象高高在上，就难免缺乏人情味和温度。

历史上，统治者是被神化的，从"天子"的称谓就能看出统治者借助神化强化政权合法性的用意。新中国成立后，我们的领袖也曾长期被神化。国家领导人如此，商界、学界的成功人士也经常被神化，被塑造成完美无瑕、无所不能的形象，这些人高高在上、不苟言笑，看上去不食人间烟火，不懂平凡人的喜怒哀乐。

然而，情况正在发生变化。刘德华希望成为一个"既成功又可爱的成功人士"。原来，"成功人士"也可以"很可爱"。看看新媒体平台吧,这里完全是不同于传统媒体的语言体系。艺人邓超在微博上的无厘头,并不影响他成功人士的形象,反而让人感到率性、真实、可爱,为他增加了更多粉丝。2014 年,北京大学考古学教授王迅吃完鸡后,把骨架重组成人体骨骼形状,还敬礼鞠躬,展现了严肃教授的可爱一面。照片在网上被疯传,网友无不捧腹,直呼:"教授你这么卖萌,你的学生知道吗?""王迅老先生太萌了!"

政治领域也一样,除上述"胡哥""习大大"等可爱称谓之外,政治领域的信息传播已经在实实在在地发生变化。也许,《新闻联播》依旧是《新闻联播》,《人民日报》依旧是《人民日报》,但我们更多地看到了"复兴路上工作室"推出的国家领导人动漫形象,看到了官方媒体在社交平台不遗余力地"卖萌"的尝试。

是的,情况正在发生变化。"高大全"依然很多,"萌萌哒"也越来越多,这是不可阻挡的趋势。

在这里,必须强调,本书不是全面否定"高大全",也不是全面肯定"萌萌哒"。而是主张:"高大全"要有度,"萌萌哒"也应有度。

首先,"高大全"有利于塑造权威形象。"高大全"式的宣传有利于快速树立权威、塑造威严形象。这在以往领袖形象、科学家形象、劳模形象、英雄形象中多有应用。在今后,这种手法依然需要,且依然有效。该威严时,当然要威严;该让人肃然起敬时,依然要让人肃然起敬,这是不能变的。

同时,我们也必须看到,在新媒体环境下,"高大全"式信息传播要有度。在保障权威、威严的同时,要注意挖掘其人性化、趣味性的一面。再成功的人物,也会有好玩的一面;再威严的形象，也会有有趣的一面；再权威的人物，也会有可爱的一面。领袖偶尔也可展现可爱的一面；成功的商人、学者偶尔也可卖卖萌。催泪信息，可以让人"痛着哭"，更可以让人"笑着哭"。

当然，"萌萌哒"也要有度。不分场合、不顾事实地去卖萌、搞怪，会带来很大伤害。如2015年国庆长假期间，"游客日照海鲜店被打"的相关照片在社交媒体平台广泛传播，日照市某政府部门的官方微博对此发布："哎呀我好怕怕呀……以前来都是自带海鲜味的方便面，现在居然知道点海鲜了？"这些内容引来网友的广泛批判。很明显，微博运营人员在发布这些内容时是在试图"卖萌"，但在这类危机事件中，作为官方微博必须搞清事实，进行权威发布，而不是盲目卖萌。总之，如果得到巧妙运用，"萌萌哒"信息将会成为有效的辅助手段，让传播效果事半功倍。如果运用不当，"萌萌哒"也许会惹祸，会起反作用。

通过"可爱传播"建设"可爱中国"

1."可爱传播"方兴未艾

最近几年，不只是"动漫""游戏""卖萌""宅男""腐女"等词语不断出现在中国的各类媒体上，"二次元""A站""B站"更是广受关注。从政府部门，到学校等各类公共机构，以及企业等商业组织，都在原有传播方式的基础上，逐步进行改革，在提升萌力量方面迈出巨大步伐。

2015年12月31日，中国国家主席习近平发表的2016年新年贺词中，出现了网友常用的网络流行表现语："世界那么大"，"让我们的'朋友圈'越来越大"。而在一年前的2015年新年贺词中，"蛮拼的""点赞"等词语同样引发关注，不少网友评论主席的新年贺词"萌萌哒"。军队、政府部门开始灵活运用动漫、漫

第十三章 国家叙事：建设可爱中国

画等方式开展军事传播、政治传播，同样引起关注。

高校、医院、博物馆等公共机构也开始改变传播思路。高校吉祥物和卖萌录取通知书，在本书中有详细介绍，这里就不分析了。而中国的博物馆也一改呆板、严肃的形象，开始卖萌传播。2014年，故宫博物院在网上推出一组《雍正：感觉自己萌萌哒》的动态图片，以《雍正行乐图》为基础，加以技术改造，制作成动态图片，让雍正"活"了起来，为大家呈现一个"萌萌哒四爷"。

2015年10月，故宫淘宝官方微博发布了《够了！朕想静静》，以极具幽默调侃的语气介绍了"一个悲伤逆流成河的运气不太好的皇帝的故事"。故事的主人公是明朝最后一位皇帝朱由检。一开始，原本在画中正襟危坐的崇祯皇帝就画风突变，以手托额头，摆手做发愁状。然后，他变成了手拿机关枪、眼神有点小邪恶的"被害幻想症"患者，搭配台词"总有刁民想害朕"。再然后，你竟然能看到朱由检的身份证，住址一栏任性地写着"北京紫禁城想住哪就住哪"。接下来是一道证明题，求证的是"朱由检的心理阴影面积"。故宫的一系列文化创意产品萌态十足，在淘宝开卖后受到广大网友热捧。其他博物馆也不甘示弱。四川杜甫草堂博物馆推出了"Q版杜甫很忙系列产品"，包括名片盒、手机壳、鼠标垫、杯垫等。陕西历史博物馆有"唐妞""唐美丽""汉英俊"和"摩登仰韶"等系列文创产品，跟故宫一样，也在网上商城售卖。①

2016年9月，杭州G20峰会前夕，复兴路上工作室推出了7幅萌萌哒、却寓意深远的动态海报，运用了萌萌的小熊等可爱元素，力争让看似很高冷的会议和平台变得鲜活、有趣、接地气。

---

① 新华网，http://news.xinhuanet.com/overseas/2015-12/01/c_128487382.htm。

2016年里约奥运会期间，中国游泳选手傅园慧的"洪荒之力"走红，引发一些境外媒体关注。此外，宁泽涛、孙杨、张继科等选手的可爱瞬间也被制作成动图，在社交平台广泛传播。越来越多的可爱元素不断出现，中国不断刮起可爱之风，可爱已经成为中国形象的一个重要侧面。

在里约奥运会期间，"洪荒少女"傅园慧因在接受媒体采访时因表现可爱呆萌不做作而得到网友的喜爱，也成为了微博上新的表情包教主。微博原创漫画家丁一晨手绘出傅园慧的表情包，时而呆萌，时而生猛。傅园慧被称为"行走的表情包"，之后社交平台上一度被这套表情包刷屏。傅园慧本人的个性性格和网友们的包容接纳无不体现了目前社会更加开放、包容和尊重自我个性表达的状态。傅园慧表情包的流行也是对今天朝气蓬勃的运动员的肯定，对运动会项目的重视，以及对开放、包容、自由、人性的奥运精神的追求。

傅园慧表情包

2. "可爱中国"的构成

与可爱中国相关的主题很宽泛,但整体上看,可爱中国最基本的,是人们的精神文明和精神风貌。可爱中国应由如下几个基本方面来构成。

首先,中国人很可爱。可爱的中国人应该包括国民心态和情绪、国民精神风貌等。个人故事是中国故事的细胞,只有中国人是可爱的,中国才可能是可爱的。美国好莱坞电影中讲述的美国人的故事让人认识到美国的自由、民主、平等;日本动漫、韩国影视剧中的个人故事都对其国家形象形成不同程度的影响。近年来,中国文化实力明显增强,《媳妇的美好时代》等影视剧输出到很多国家,让世界认识中国年轻人的喜怒哀乐。也有 BBC、NHK 等很多媒体通过纪录片等形式关注中国百姓的故事,如 NHK 的《中国铁道大纪行》向日本观众展现了中国百姓淳朴、好客、善良的特质。当前,中国年轻人在二次元、表情包、网络语言等方面表现出的个性色彩和可爱特质,也广受关注。2016 年里约奥运会中傅园慧的"洪荒之力"就是典型的例子。

其次,中国的地方很可爱。当前,不少地方都十分重视区域传播,通过吉祥物、形象片、广告片等形式,积极主动地开展传播活动。如杭州市公安局的熊猫形象吉祥物、四川宣传片中的熊猫形象,都让人感到"萌萌哒"。地方故事是中国故事的组成,要将地方故事进行纵向和横向的细分,结合受众特征进行差异化传播。纵向看,中国历史悠久;横向看,中国幅员辽阔;纵深看,中国民族众多、情况多样。对外国媒体和公众来说,客观、准确、全面地认识中国是非常困难的,甚至可以说是不可能的。喜欢中国的外国人,他很可能喜欢的只是中国的某个朝代,也可能是中国的某个地方,甚至只是喜欢中国的某道菜,因此应进行更细致的细分和传播。2016年6月，合肥市启动了卡通形象征集活动，希望用一个或一组卡通形象来代表合肥。由合肥市委宣传部指导，市教育局、市旅游局、合肥报业传媒集团联合主办的此次征集活动，是中国地方可爱传播的有益尝试。

第三，作为国家的中国很可爱。可爱的中国应该包括体制机制建设、党政机关风气、国家对内对外展现的整体形象等多个方面。在1935年，方志敏曾写下著名的《可爱的中国》一文，对可爱中国进行了充满热情的畅想："欢歌将代替了悲叹，笑脸将代替了哭脸，富裕将代替了贫穷，康健将代替了疾病，智慧将代替了愚昧，友爱将代替了仇恨，生之快乐将代替了死之忧伤，明媚的花园将代替了暗淡的荒地！"个人故事与地方故事汇聚成中国故事。如果试图用一篇短文归纳中国形象，那将是一篇深奥难懂的文章；如果想用一条视频概括中国形象，那也一定会是一条晦涩乏味的视频。包含可爱元素的中国故事应进行系统的细化、细分，通过多个地方故事、个人故事来呈现。这些个人故事和地方故事可以通过喜怒哀乐、嬉笑怒骂等各种方式、各种风格来呈现。这无数的故事、人物、场景的综合，就是可爱的中国故事，就能呈现可爱的中国形象。

第四，有足够灵活、多样的方式来展现和塑造可爱中国的形象。可爱中国在上述三个层面的内涵，如果得不到挖掘和传播，就不会被广泛认知。口号式的说教不会让人觉得可爱，板着脸的传播也不会让人觉得可爱。可爱传播需要足够灵活多样的方式，既包括本书反复提及的吉祥物、动漫、动物、孩童等载体，也包括大众媒体的语言风格，更包括国家叙事的叙事风格。可爱传播的背后，其实是国民的自信程度、心态和作风。可喜的是，中国的媒体环境在可爱传播方面有积极变化。如新华社、中新社、光明日报等媒体选择"小新""小明"等极富青春气息的称谓，积极通过可爱的语气、可爱的方式进行可爱传播。

3. 建设"可爱中国"的现实意义

如前所述，当前中国民众心态出现了一些新变化，媒体环境也与之前大不相同。在这种背景下，建设可爱中国具很强的现实意义。

首先，体现在对外层面。近些年来，中国经济社会快速发展，在经济发展等方面，中国对世界作出很大贡献，中国在全球展现的国家形象整体上稳步提升。但我们也必须看到，在一定范围内，一些人对中国依然持有偏见，中国被塑造成充满威胁、面目可憎的负面形象，中国威胁论等论调依然在一定范围内很有市场，对中国的刻板印象依然根深蒂固。建设可爱中国，可以在一定程度上制衡中国威胁论，在国际上塑造更加有亲和力的友善形象。

其次，建设可爱中国的现实意义还体现在对内层面上。当前，中国在努力提倡传播正能量，但在一定范围内急躁、仇恨、愤怒等戾气依然较为普遍。卖萌的可爱信息对人们的负面情绪和社会戾气有治愈作用。可爱信息或许可以让人们多一些心平气和，少一些急功近利；多一些满面笑容，少一些面目狰狞。可爱信息可以减少社会的对立和仇恨，制衡社会戾气，促进正能量的传播。

在不同语境下，"可爱"一词有不尽相同的含义。在本书中介绍的很多案例中，"可爱"的含义接近"萌""有趣"。而实际上，可爱又有更宽泛的含义。作家魏巍的《谁是最可爱的人》写于朝鲜战争期间，影响了好几代中国人。此文认为前线的战士们是最可爱的人，"他们的品质是那样的纯洁和高尚，他们的意志是那样的坚韧和刚强，他们的气质是那样的淳朴和谦逊，他们的胸怀是那样的美丽和宽广！"可见，品质高尚、意志坚强、气质谦逊、胸怀宽广，同样是"可爱"所涵盖的应有之义。上文提到的《可爱的中国》对"可爱中国"进行了畅想，其中欢歌、笑脸、富裕、康健、智慧、友爱、生之快乐、明媚的花园，都是"可爱中国"的构成要素。

　　党的十八大明确提出"建设美丽中国"，在此目标指引下，绿色、可持续发展的理念深入人心。在绿色发展、可持续发展层面，"美丽中国"的目标发挥了重要作用。在国家形象、国民心态建设、精神文明建设层面，"建设可爱中国"或许可以成为目标之一，通过一系列立体措施让"可爱"成为中国的新名片，让"可爱中国"成为国民的心灵港湾，让"可爱中国"成为精神文明建设的新抓手。

第十四章

结　语

近些年，在中国我们能看到越来越多很"可爱"的传播方式。商业领域自不必说，军事、政治领域也开始"破冰"，出现了很多卖萌式宣传手法。国防部网站发布"卖萌"征兵宣传片，军营版《小苹果》萌翻网友；党建网发布《穿军装的习近平》视频，用动漫形式展现习主席军旅经历，引来网友热传。而此前，中国媒体曾发布习近平动漫形象、李克强漫画形象，《领导人是怎样炼成的》动漫短片也曾受到海内外关注。以动漫、漫画为代表的"萌宣传"已经成为中国开展政治传播的重要手法。

另外，近几年不少高校通过"卖萌通知书"展现柔软形象的努力引人关注。网上，展示各高校录取通知书"炫酷卖萌文艺范儿"的帖子不断涌现。复旦大学录取通知书将手绘校园的"萌真"坚持到底；陕西师范大学的录取通知书是老教授们用毛笔手写而成，墨香四溢；西北大学录取通知书为古色古香的"羊皮卷"，被称为"校园寻宝图"。最近几年，中国不少高校开始重视"个性化"宣传，或卖萌或装酷，都受到人们的关注。

邻国日本的"萌文化"渗透到人们生活的各个角落。政客、政府、高校等个人和组织也十分注重通过动漫等方式开展"萌宣传"，展现"萌力量"。日本的经验对我们有启发意义。当然，日本在政治、经济、社会等各个方面与中国的国情均不同,日本的经验不能完全照搬,可以有选择地参考借鉴。

日本的"可爱传播"经验值得借鉴

漫画、动漫、吉祥物等萌元素已经成为日本文化的重要组成部分。日本的政党、政客、政府、都比较善于通过萌力量开展传播活动。

首先,日本的政党和政客在竞选宣传时注重可爱传播。通过动漫、吉祥物等方式开展的可爱传播在竞选中有广泛应用,日本民主党的吉祥物"民主君"、日本共产党的新型公共关系机构"扩散部"都是典型的例子。日本自民党也曾为首相安倍晋三设计卡通形象并制作纪念品。这批纪念品包括水杯、手机链、记事本等,希望让其支持率回升。

其次,日本政府机构注重通过动漫手法改善官民关系。日本首相官邸的网站专门设有"儿童版",通过漫画和动漫的方式告诉孩子日本的基本政治结构。日本外务省网站也设有专门针对儿童的"KIDS 外务省"页面,宣传日本的外交政策。一些政府部门在解释政策时灵活运用漫画等方式,把政策宣讲植入动漫故事中,既有趣味性,又有知识性。这些手法可以让政府传播更为有趣,可以让政策传达更为有效,可以让官民关系更为和谐。

此外,日本地方政府重视通过动漫人物展现本区域的魅力。当前,日本绝大多数日本地方自治体都有各自的动漫形象吉祥物。这些吉祥物在一定程度上代表当地特色,它们不断地出现在电视节目等大众媒体中,对地方形象起到很好的宣传作用。据统计,日本各地的吉祥物达 1400 多种,这些吉祥物在设计时注重体现地方特色,推出后积极参加各类宣传推广活动,展现所在区域的魅力。我们熟知的熊本熊就是一个典型的代表。

另外，日本高校也很重视"萌力量"传播。很多高校有自己的吉祥物，这些吉祥物在毕业典礼、入学典礼、重要赛事中十分活跃。以吉祥物为基础开发的各类周边产品，也成为高校形象展示的重要方式。"学园祭"等校园活动、高校宣传片也是展现萌力量的平台，校园中花样繁多的海报也展现出年轻学子的卖萌智慧。中国高校传统的宣传方法往往严肃有余而活泼不足，而今在面对"90后"和网络文化时，已经作出了可贵的改变。可以预见，在今后几年中国将会有越来越多的高校在可爱传播方面拿出更多举措，日本高校的经验或可借鉴。

当然，萌力量不只是在政治传播和政府传播中有应用，在商业传播、人际传播中也有广泛的应用。不管主体是怎样的机构或组织，其中的规律是相通的。

加强"可爱传播"，建设"可爱中国"

当前，中国社会的很多领域在发生深刻变化。尤其是以网络为代表的新媒体已经深刻影响舆论走向和人们的思维习惯。新媒体环境下的宣传活动需要更多"萌思维"。

首先，中国政治传播可以更多借助可爱传播方式。如上所述，中国在政治传播、政治理念传达等方面，已经在可爱传播方面迈出很大步伐，开启"卖萌"模式。但考察日本的政治传播和政府传播后我们不难发现，可爱传播可以更立体、更系统。中国的政治传播、可以更多借助动漫、吉祥物等方式。在理念宣传方面，也可以借鉴日本抽象概念拟人化的方式，让政策传达和理念传播更加具体、形象、有趣。

其次，中国的政府传播可以更多借助可爱传播方式。在中央层面，政府部门不妨通过动漫、吉祥物、漫画等方式，普及政策法规，为行政事务服务。如日本外务省网站的"KIDS外务省"页面，中国完全可以借鉴，借此让少年儿童也能增进对中国外交事务的理解，提高全民的外交素养。在宣讲一些比较复杂的政策法规时，也不妨借助漫画、动漫的力量，把政策法规植入动漫故事中，让各行各业、教育层次不同的各类民众都能看得明白。另外，一些政府部门完全可以更大胆地设计制作自己的吉祥物，如旅游部门可以通过吉祥物宣讲文明旅游知识、海外旅游注意事项等；环保部门则可以通过吉祥物普及环保知识和理念，化解人们的误解。

第三，地方政府应更多借助吉祥物等方式开展区域传播。日本的地方吉祥物很多，让人眼花缭乱，在地方形象推广、旅游传播等方面发挥重要作用。当前，很多中国地方政府开始通过商业广告、微电影等方式开展区域传播。但通过动漫、吉祥物开展持续性、系统性区域传播的例子还很少见，精彩的区域传播故事也并不多见。各级地方政府在开展区域传播时，不妨借鉴日本区域传播的一些成功经验，让区域故事更加有趣、可爱，更加深入人心。希望早日出现中国的"熊本熊"。

最后，加强"可爱传播"，建设"可爱中国"。中国国力在提升，人民生活水平在提高，中国在国际舞台上的分量越来越重。越来越多中国民众更加理性、成熟、平和。中国提出道路自信、理论自信、制度自信、文化自信。中国迎来一个新时代，在这个时代，国家、政府、企业等各类机构以及人民都更加自信、放松。不论是国家、政府还是企业，在适当的场合，不失时机地开个玩笑、卖个萌，会展现更加自信、亲和的形象。我们应该系统挖掘中国的可爱元素，积极开展"可爱传播"，建设"可爱中国"。

第十四章 结语

"可爱传播"需注意"度"

萌力量的运用范围越来越广泛，本书的大量案例也证明了"可爱传播"作为一种公关和营销手段，在政治、商业、人际交往、组织和学校形象树立等方面都发挥着作用。

然而，随着网络平台的不断扩大、发声工具不断增多，一些"卖萌无度"现象也引发了社会上的思考和讨论。

其一，是媒体方面。为了避免微博信息同质化，很多媒体官微开始追求新鲜的"新闻"，个性化的语言，求新、求奇的表达方式，甚至卖萌。一些"新闻"、段子、甚至谣言开始不时闪现。更甚至，有些媒体官微（"官方微博"的简称）的实质目的已并非做严肃的新闻传播，而是品牌推广，扩大影响力，把转发量、粉丝量当成追求的主要指标和考核标准，这导致微博编辑为追求所谓"业绩"而"不择手段"。

其二，是政府方面。如今在政府官方微博上，咆哮体、淘宝体、卖萌体的表达方式屡见不鲜，不少官方微博因为语言语体而成为公众关注的对象以及媒体争论的焦点。但是，也有一些官微"卖萌"过度引发网友集体吐槽，这种矫枉过正的表达方式，反而令公众反感。

针对"可爱传播"，我们应辩证看待。"卖萌"当然可以有，虽然有讨巧，迎合公众之嫌，但同时也表明微博在表达方式、拉近群众距离手段上的探索和创新。科学、合理、巧妙地使用萌力量，会起到事半功倍的作用。不过所谓"过犹不及"，凡事需要把握一个"度"，"卖萌"亦是如此，"可爱"与"恶心"的距离，也许只有一线之隔。

政府官微适当的"卖萌"的确有助于信息发布和官民互动，

但是真正支撑和维系政务微博活力和公信力仍然是准确、权威、有效地公布政府信息和回应公众诉求，提供贴心的服务。"卖萌"可以看作是政务类信息的一味佐料，适当的卖萌可以让人感到贴心、舒心，但卖萌不应成为政务类信息的主要"看点"。可爱的卖萌传播只是工具，不是目的，只能起到协助性、辅助性作用，而不应成为主体。

同样的道理，不管媒体传播的技术手段发展到何种程度，新闻信息在何种平台上传播，做好新闻才是媒体的本分，卖萌不应该是媒体官微做的事。无度卖萌不但无法提升媒体形象和影响力，反而会有损新闻媒体的声誉。

有人喜欢卖萌，也有人抵制卖萌。本书认为，卖萌无罪，但要分清场合，适度卖萌。卖萌越来越普遍，是大众文化、网络文化、二次元文化等交互影响后的必然现象。萌力量是一种值得挖掘和重视的资源，中国各领域、各层次的"萌力量"发展空间巨大。

总之，随着新媒体影响力的扩大，以及"80后"、"90后"、"00后"逐渐走向社会并成为社会中坚，会有越来越多的"可爱传播"手法出现在政治传播、组织传播、公益传播、商业传播等领域。只要科学、合理地运用，可爱传播一定能让我们的国家、社会、企业都变得更加可爱。